快乐的知识

[德]尼 采/著　余鸿荣/译

哈尔滨出版社
HARBIN PUBLISHING HOUSE

图书在版编目（CIP）数据

快乐的知识 /（德）尼采著；余鸿荣译. —哈尔滨：
哈尔滨出版社，2016.7
ISBN 978-7-5484-2715-5

Ⅰ. ①快… Ⅱ. ①尼…②余… Ⅲ. ①尼采，F.W.（1844～1900）－哲学思想 Ⅳ. ①B516.47

中国版本图书馆CIP数据核字（2016）第 081947 号

书　　名：	**快乐的知识**
作　　者：	［德］尼　采　著　　余鸿荣　译
责任编辑：	马丽颖　赵　晶
责任审校：	李　战
封面设计：	主语设计

出版发行：	哈尔滨出版社（Harbin Publishing House）
社　　址：	哈尔滨市香坊区泰山路82-9号　　邮编：150090
经　　销：	全国新华书店
印　　刷：	天津旭丰源印刷有限公司
网　　址：	www.hrbcbs.com　　www.mifengniao.com
E-mail：	hrbcbs@yeah.net
编辑版权热线：	（0451）87900271　87900272
销售热线：	（0451）87900202　87900203

开　　本：	680mm×960mm　　1/16　　印张：19　　字数：230千字
版　　次：	2016年7月第1版
印　　次：	2022年4月第4次印刷
书　　号：	ISBN 978-7-5484-2715-5
定　　价：	39.80元

凡购本社图书发现印装错误，请与本社印制部联系调换。　　服务热线：（0451）87900278

尼采的签名

你的良知在说什么?
你要成为你自己。

尼/采 写给已经看清生活真相

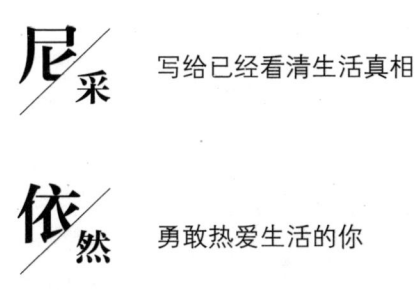

依/然 勇敢热爱生活的你

目　录

译　序　001

嘲谑、阴谋与报复　001

　　一　　邀请　002
　　二　　我的命运　002
　　三　　无惧　002
　　四　　对话　002
　　五　　致贞洁者　003
　　六　　世俗之智　003
　　七　　手册　003
　　八　　第三层疮痂　003
　　九　　我的玫瑰　003
　　十　　轻蔑者　004
　　十一　谚语　004
　　十二　致爱光者　004
　　十三　致舞者　004
　　十四　勇者　004
　　十五　迟钝　004
　　十六　精益求精　004
　　十七　雄辩者　005
　　十八　狭窄的灵魂　005

十九　玩弄女性者　005
二十　值得一思　005
二一　谨防高傲　005
二二　男人与女人　005
二三　注释　005
二四　悲观的医疗　005
二五　一个请求　006
二六　我的残酷　006
二七　彷徨者　006
二八　勉励初学者　006
二九　自我为中心的行星　007
三十　邻近　007
三一　伪装的圣者　007
三二　奴隶　007
三三　孤独者　007
三四　塞涅卡，一个高贵的人　008
三五　冰块　008
三六　早期的作品　008
三七　慎重　008
三八　虔诚的人如是说　009
三九　夏季　009
四十　不嫉羡　009
四一　赫拉克利特学说　009
四二　过于拘谨的警语　010
四三　忠告　010
四四　通过　010
四五　众神　010

四六　评厌烦者　011
四七　坠落　011
四八　大自然的静寂　011
四九　哲人之言　011
五十　一个虔诚的心愿　012
五一　他失去了头脑　012
五二　书写的脚　012
五三　人性，一切太人性的　013
五四　致读者　013
五五　现实派画家　013
五六　诗人的虚荣　013
五七　尝试抉择　014
五八　歪曲的鼻子　014
五九　笔在删涂　014
六十　崇高的灵魂　015
六一　怀疑论者的话　015
六二　瞧！这个人　016
六三　星的道德　016

卷一　017
1　诠释存在意义何在的导师　018
2　理智的良知　020
3　高贵和卑贱　021
4　人类的自我保存本性　023
5　绝对的责任　024
6　尊严的失落　025
7　辛勤劳作　025
8　没有意识到的德行　026

9 我们的冲力 027
10 人类文化的隔代遗传 028
11 意识 028
12 学问的目的 029
13 力量意识论 030
14 什么叫爱 031
15 远看 033
16 越过木板 033
17 贫穷的刺激 034
18 古代的骄傲 034
19 罪恶 035
20 愚昧的尊严 035
21 致无私的教师 035
22 上帝是为国王而存在的 038
23 腐化的特征 039
24 不同的不满 041
25 知识并非先天注定的 042
26 什么是生存 042
27 自我舍弃者 043
28 被至善所伤 043
29 危险的说谎者 044
30 名人的喜剧 044
31 商业与高尚 045
32 不受欢迎的门徒 046
33 讲堂之外 046
34 历史学家的藏匿 047
35 异端与巫术 047

36 遗言 047
37 三种错误的观念 048
38 力量爆发的人 048
39 改造审美眼光 049
40 缺乏高贵风貌 049
41 无悔 050
42 工作与无聊 051
43 法律背叛什么 052
44 信念的动机 052
45 伊壁鸠鲁 053
46 神话比科学更让人惊讶 053
47 热情的压抑 054
48 苦恼的知识 054
49 雅量与相关的性质 056
50 孤立的辩论 056
51 真实感 057
52 别人对我们知道多少 057
53 善之源起 057
54 表象的意识 057
55 什么使人变得高贵 058
56 受苦的欲望 059

卷二 061

57 致实在论者 062
58 只能做个创造者 063
59 我们艺术家 063
60 女人与对远处的影响 064
61 向友情致敬 065

005

62 爱情 066
63 音乐中的女人 066
64 怀疑论者 066
65 奉献 066
66 弱者的力量 067
67 自我掩饰 067
68 意志与顺从 067
69 报复的能力 068
70 男人的女主子 068
71 论女性的贞节 068
72 母亲 069
73 圣者的残酷 070
74 失败者 070
75 第三性 071
76 最大的危险 071
77 心安理得的动物 072
78 我们应该感谢什么 073
79 缺点的魅力 074
80 艺术与自然 074
81 希腊人的尝试 076
82 非希腊式的才气 076
83 翻译 077
84 诗的源起 078
85 善与美 081
86 戏剧 081
87 艺术家的自负 082
88 热心追求真理 083

89　现在与从前　084

90　灯光与影子　084

91　留心　084

92　散文与诗　085

93　"但是，为什么你要写？"　086

94　死后的成长　086

95　康福德　086

96　两个辩论家　088

97　作家的争辩　088

98　向莎士比亚致敬　089

99　叔本华的信徒　090

100　学习尊重　093

101　伏尔泰　093

102　给语言学者的话　094

103　德国的音乐　094

104　德国的语文　095

105　德国艺术家　097

106　如鼓吹者般的音乐　097

107　我们对艺术的最高感激　098

卷三　101

108　新的奋斗　102

109　留心　102

110　知识的起源　103

111　逻辑的起源　105

112　因果　106

113　有毒的学说　107

114　道德的扩延　108

115 四种错误 108
116 群体的直觉 108
117 良知的群体刺痛 109
118 善意 109
119 反对利他主义 110
120 灵魂的健康 110
121 毋庸争执的生命 111
122 基督教中道德怀疑论的要点 111
123 知识并非只是工具 112
124 无限的范畴 113
125 上帝存在的条件 113
126 疯子 113
127 反对基督教 115
128 危险的果断 115
129 神秘的诠释 115
130 基督教与自杀 116
131 格言 116
132 祈祷的价值 116
133 悲观主义者成了受害者 117
134 最古老的迷信余波 117
135 罪恶的起源 118
136 选民 119
137 比喻 120
138 基督的错 120
139 情欲的色彩 120
140 太过于犹太的 121
141 太过于东方的 121

142　乳香　121
143　多神论的最大效用　121
144　宗教战争　122
145　素食主义者的危险　123
146　德国人的希望　123
147　问题与答案　123
148　宗教改革的起源地　124
149　宗教改革的失败　124
150　对圣者的批判　125
151　宗教的源起　125
152　最大的改变　125
153　诗人　126
154　另一种危险的生命　127
155　我们的欠缺　127
156　最有力的人　127
157　说谎　127
158　不自由的特性　127
159　美德有其时尚　128
160　与美德交媾　128
161　致时代的崇拜者　128
162　自我本位　128
163　胜利之后　128
164　寻求静息的人　128
165　舍弃的快乐　129
166　在属于自己的社会中　129
167　厌世与博爱　129
168　关于病人　129

169　公然的敌人　130
170　跟随群众　130
171　声名　130
172　嗜好的误解者　130
173　真正博学与故作博学　131
174　离异　131
175　关于雄辩　131
176　怜悯　131
177　论教育　132
178　致道德启蒙运动　132
179　思想　132
180　自由人的风光　132
181　带头与跟从　132
182　离群索居　132
183　美好将来的音乐　133
184　正义　133
185　贫穷　133
186　惭愧　133
187　无礼的表达　133
188　工作　134
189　思想家　134
190　面对赞颂者　134
191　反辩护　134
192　好人　134
193　康德的玩笑　134
194　"心灵开放"的人　135
195　可笑的　135

196 听觉的极限 135

197 小心 135

198 骄傲者的苦恼 135

199 大方 135

200 笑 136

201 喝彩 136

202 挥霍者 136

203 愚人急中生智 136

204 乞丐与礼貌 136

205 需要 136

206 雨中沉思 136

207 嫉妒的人 137

208 伟大的人 137

209 一种寻找理由的模式 137

210 勤奋的节制 137

211 秘密的敌人 137

212 不要让自己受蛊惑 137

213 幸福之路 138

214 有信即得救 138

215 理想与物质 138

216 声音的危险 138

217 因与果 138

218 我的反感 139

219 惩罚的目的 139

220 牺牲 139

221 体谅 139

222 诗人与骗子 139

223 感官的替代 139
224 动物的批判 139
225 顺其自然的人 140
226 怀疑者与其风格 140
227 谬论 140
228 仲裁人 140
229 固执与忠诚 140
230 缺少含蓄 141
231 努力用功的人 141
232 人生如梦 141
233 最危险的论调 141
234 音乐家的自我安慰 141
235 气质与性格 141
236 推动群众 142
237 有礼的人 142
238 没有嫉妒 142
239 不快乐的人 142
240 在海岸上 142
241 艺术家与作品 143
242 属性 143
243 "善"与"恶"的源起 143
244 思想与文字 143
245 以选择来赞美 143
246 数学 143
247 习惯 143
248 书籍 144
249 知识寻求者的感叹 144

250 罪恶 144
251 误解受苦者 144
252 宁可欠债 145
253 浪迹如归 145
254 排除困窘 145
255 模仿者 145
256 表皮 145
257 亲身体验 145
258 否认机遇的人 146
259 远离乐园 146
260 一加一 146
261 原创力 146
262 永恒的见地 146
263 无关虚荣 147
264 我们的行为 147
265 至高无上的怀疑论 147
266 需要冷酷的地方 147
267 高瞻远瞩 147
268 什么造就伟大的英雄 147
269 你相信什么？ 147
270 你的良知在说什么？ 148
271 你最大的危险是什么？ 148
272 你还喜爱别的什么？ 148
273 你认为谁较坏？ 148
274 你认为什么行为最具人性？ 148
275 什么是自由的保证？ 148

卷四 151

276 新年有感 152
277 个人的上帝 152
278 死亡的沉思 153
279 昙花一现的友谊 154
280 供思索者用的建筑物 155
281 知道如何找出结尾 155
282 步伐 156
283 开辟者 156
284 自信 157
285 精益求精 157
286 离题 158
287 喜欢盲目 158
288 崇高的情愫 158
289 上船 159
290 不可缺少的一件事 159
291 热那亚 160
292 致道德的传道者 162
293 我们的环境 162
294 抗议对本性的污蔑 163
295 暂时的习性 164
296 固定的声望 164
297 反驳的能力 165
298 一声叹息 165
299 我们应该向艺术家学习的 166
300 科学的前导 166
301 沉思者的幻觉 167

302　最喜悦者的危险　168
303　两个快乐的人　168
304　在行动中扬弃　169
305　自制　169
306　伊壁鸠鲁学派与斯多亚学派　170
307　拥护批判　170
308　每日的经历　171
309　走出第七个寂寥之处　171
310　意志和浪潮　172
311　破碎的智慧　172
312　我的狗　173
313　不画殉难者　173
314　新的家畜　174
315　最后一刻　174
316　预言者　174
317　回顾　175
318　痛苦的智慧　175
319　经验的诠释者　176
320　再度会晤　176
321　新的告诫　177
322　一个微笑　177
323　命运的快乐　177
324　平庸的生命　177
325　什么是伟大　178
326　心灵与痛苦的治疗者　178
327　太认真　179
328　对愚蠢的伤害　180

329　闲暇与懒散　180
330　鼓掌　182
331　耳聋比震耳欲聋好　182
332　邪恶的时刻　182
333　了解意味着什么　182
334　我们必须学习去爱　183
335　向物理学欢呼致敬　184
336　大自然的贪婪　185
337　未来的"人性"　186
338　受苦的意志和同情　187
339　女人似的生命　188
340　临终的苏格拉底　189
341　最沉重的负荷　190
342　悲剧的起源　191

卷五　193

343　喜悦的含意　194
344　我们可以虔诚到什么程度　195
345　道德问题　197
346　疑问的注解　198
347　信仰者与对信仰的需要　200
348　学者的源起　202
349　再谈学者的源起　203
350　向人类的笃信致敬　204
351　向僧侣的天性致敬　204
352　为何道德必不可少　205
353　宗教的起源　206
354　"人类的天赋"　207

355 我们的"知识"概念 210
356 欧洲怎么变得"更风雅" 211
357 老问题:"德国人是怎样的?" 213
358 低阶层者对精神的反抗 217
359 报复知识及其道德背景 220
360 两种混淆的动机 221
361 演员的困扰 222
362 我对欧洲阳刚之气的信念 223
363 男女双方对爱情的偏见 224
364 遁世者如是说 225
365 遁世者又说 226
366 浏览一本渊博之书 226
367 如何区别艺术作品 228
368 犬儒学派的讥诮论调 229
369 并存在我们心中的 230
370 何谓浪漫主义 231
371 我们是难以理解的人 234
372 为何我们不是理想主义者 234
373 "科学"的偏见 236
374 我们的新"无限" 237
375 为何我们近似享乐主义 238
376 缓慢宁静的日子 238
377 无家可归的人 239
378 再度自我澄清 241
379 傻子插嘴 241
380 流浪者如是说 242
381 理解的问题 243

382　伟大的健康　245
383　收场白　246

附录："自由之鸟"王子之歌　249

1　致歌德　250
2　诗人的呼唤　250
3　哥伦布第二　252
4　在南方　253
5　虔诚的碧芭　255
6　神秘之舟　256
7　爱的表白　257
8　没有决心的人　258
9　愚者的困境　258
10　牧羊人之歌　259
11　拙劣诗人的疗方　260
12　我的喜悦　262
13　西尔斯·马莉亚　263
14　给西北风的一支舞曲　264

尼采年谱　267

译 序

尼采是近代西方哲学史上一位特立独行的人物，与其说他是一个哲学家，倒不如说他是个诗人更加贴切。在他那极端敏感的心灵中，完全充溢着诗人的纯洁与热情，同时他也爱好艺术和文学，甚至常常将其作为表达哲学思想的方式，尤其是诗歌；在他的作品中，处处散发着"哲学中有诗歌，诗歌中有哲学"的意境。如果我们要了解复杂难解的尼采思想，最好不要把他当作一位纯哲学家来研究，只有这样方能有所契合。

尼采与克尔恺郭尔同为当代存在主义哲学的先驱，在他生前，几乎没有人能明白他的思想，直到20世纪，人们才有如挖掘一颗沉埋的珠宝那样，逐渐将它的光辉纹理亮出来，正如雅斯贝斯所说的："当克尔恺郭尔和尼采的存在主义的重要性增加时，哲学才有现代的思想倾向。"套一句尼采自己的话，"有些人出生得太早"，再加上他一向以高洁自持，不愿与尘俗同流，因而注定一生孤独寂寞。晚年的疯狂，更是他为自己的理想——"超人哲学"——所付出的最大代价。

大体上说，影响尼采思想形成的要素有三：一是希腊早期的古典文学，一是叔本华的学说，另一则是瓦格纳。他的哲学与作品的发展也大致可分为三期，本书属于过渡时期作品，这一时期的特色为逐渐摆脱早期的悲剧的探讨而转入理论的批判。书中所讨论的对象十分广泛，举凡科学、哲学、宗教、历史、艺术、知识论、民族性等均在其批判的范围之内。

快乐的知识

　　本书又名《快乐的科学》，尼采意在将哲学经由犀利的批判而提升至与科学同样严谨的地位，这也是他的经验主义热血达到鼎沸的表征。事实上，在他的著作中，他也提过所谓超越道德的途径要经过三种精神形态转折的观点，那三种精神形态，即虔敬、服从的学习精神；破坏、批判而尝试对一切价值重新评估的自由精神；肯定、创造和对命运之爱的精神。

　　本书正是在尼采的思想开展中期，即他的"破坏与重新评估"时期形成的，因此在轻快曼妙的字里行间不时透露出几许深刻的冷酷，而尼采也曾以一首诗来表达他孕育这本书的喜悦之情：

　　　　用你炽热的枪矛，
　　　　融解我内心四周的寒冰；
　　　　它带着怒号，
　　　　匆匆地将自身完全倾注于伟大的希望之海。
　　　　啊，美丽的正月，
　　　　比往昔更光明、更纯洁，
　　　　它为你带来的奇景而歌颂！

　　同时尼采也在其自传中对此有这样的说明：一旦人们掌握《快乐的知识》卷四最后一节中查拉图斯特拉所说的话，谁还会对此处"伟大的希望"的意义有疑问呢？一旦人们读过本书卷三开头第一篇有如花岗石一般的句子，这些句子又初次解说了一切时代的命运，谁还会对"伟大的希望"的意义有疑问呢？从这里我们也可看出尼采对生命的态度是肯定的，人必须以"权力意志"为武器，而与和生命对立的一切进行战斗，不达"超人"之境绝不终止。

译 序

　　一般人对尼采的印象往往是反传统、反宗教、反伦理、反道德、反……几乎存在的一切规范都是他反对与讽嘲的对象。事实上，他并非刻意如此。他真正所排斥的，是人们在面对规范时所展现的人性中的盲目、虚伪、无知、麻木、骄矜、猥琐等有碍生命提升的"恶德"。

　　他实在无法忍受一个庸俗腐朽的生命，因此提出"超人"的理想：一般人只不过是行尸走肉，唯有"超人"才有存在的尊严、意义和价值，人必须把自己成就为一个摆脱所有道德束缚，生命意志飞扬的"超人"。而他自己也为此付出极大代价，和梵谷、舒曼、波特莱尔一样，他们有如电光石火，在西方文明的夜空划过，随即隐入永恒，留给世人无限沉思。

　　本书出版，感谢张清吉先生的奖掖和支持，还有好友黎唯东兄在百忙中抽空为我校稿，特此致谢，译者才疏学浅，译文中若有错误或不妥之处，欢迎读者不吝赐教。

余鸿荣

1982年2月4日于内湖

嘲谑、阴谋与报复

快乐的知识

一　邀请
朋友们，来冒险吧，为了横在你我眼前的命运，我诚恳地邀请你。你对命运的喜悦将日甚一日，若你一直努力追寻，积累的成就必令人兴奋，抖擞的精神会给我们一股异乎寻常的力量去发挥。

二　我的命运
在追寻的疲惫中，我逐渐成长，指引自己一条探索之路。让风将我吹回所来之处，但求相随，御空而行。

三　无惧
在你站立之处向下挖掘，直到井泉之底。让行于黑暗中的人大声叫喊："下面有个地狱！"

四　对话
A
我是身染沉疴？还是大病痊愈？
又该祈祷哪一位医生来诊治？
忽然忆起，我并无病痛！
B
现在，我明白，你的烦恼已纾解，
若能忘却，便得痊愈。

五　致贞洁者

且让我们的美德悠闲自在，而令感情的脚步敏捷轻快。就如在荷马的诗篇中，它们必将来，也必将去。

六　世俗之智

切勿停留在水平的低地，切勿攀登至顶峰。只要在半山腰上，就能将世界一览无余。

七　手册

为我的风度和谈吐所吸引，你是否将跟随我的脚步？
还是先坚定地听从你自己吧，当你跟随我时，务必小心！

八　第三层疮痂

我的皮肤迸裂破开，只为了让新的一层再生，新的欲望蜂拥而至。我贪婪地吞食，心中的觊觎之蛇，对着大地，跃跃欲试。我再次饥饿无力地匍匐于乱石和荆棘之中，吞食反复咀嚼之物，所有的蛇均赞美大地的食物。

九　我的玫瑰

我的运气不错，也愿你的更为美好，好运需要有人分享。可否请你留步，为我轻轻摘取一朵玫瑰？在岩石与荆棘之中，你时常逡巡、隐藏，弯下身子吸吮流血的手指！轻轻摘取我的玫瑰。我的好运是个邪恶的累赘，喜爱恶意的嘲笑与捉弄！

可否请你留步，摘取一朵玫瑰？

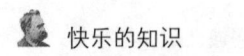

十　轻蔑者

我泼掉了许多酒，你诅咒我轻蔑的态度。"酒杯满溢，浪费许多滴酒。"他却认为这酒不错。

十一　谚语

粗鲁与温和，高尚与卑俗，稀有与普遍，污秽与洁净，愚人与圣贤，也许二者我均是。而我曾是，也将永远是鸽子、蛇、猪。

十二　致爱光者

切勿令双眼与精神疲惫，即使在阴暗中追寻阳光！

十三　致舞者

一块最滑溜的冰地，便是个天堂乐园，而他，是一个最佳舞者。

十四　勇者

用争执、失和来破坏友谊比努力弥缝友谊的伤痕更容易。

十五　迟钝

需要呆傻——仅有敏锐不能令人称意，好事之徒最爱起哄："他太年轻了！"

十六　精益求精

无暇思考："如何达到山顶？"只顾往上爬。

十七　雄辩者
切勿要求！停止哭诉！我祈求：无须乞请，尽管拿去！

十八　狭窄的灵魂
我憎恨狭窄的灵魂，那些灵魂既不生善，也不生恶。

十九　玩弄女性者
一支无言的箭，射向广漠苍穹，而半途中，一个女人被它杀害。

二十　值得一思
双重的痛苦比单一的痛苦更容易承受，你是否勇于承受痛苦？

二一　谨防高傲
朋友，切莫自负，戳穿你的必将是一根小刺！

二二　男人与女人
"女人紧紧抓住她中意的男人不放！"男人的箴言："女人并不抓取，而是偷取。"

二三　注释
假如要我解释我的智慧，只会徒增纷杂。我无法正确地解释自己，在追寻之路上踽踽独行，我的形象沐浴着光明！

二四　悲观的医疗
朋友，你说你的无聊嗜好能满足你的胡思乱想，我听见你的咆哮、唾啐和喘息。我的病人即将死去，我提起你的勇气，希望你跟随我！这里有一只肥硕的蟾蜍，好，现在不要眨眼，将它整个吞下，不要踌躇，只有从消化不良中，你才能得到解放！

二五　一个请求

我知道许多人心地善良，我的心思却不可吐露。我看不见！眼睛太靠近，我看不清自己，这对我有利。我与自己的距离短于我与敌人的距离，而我最亲近的朋友又距我太近！恰好在他与我的中间！我乞求什么？请猜猜看。

二六　我的残酷

我必须攀登一百级阶梯，我必须攀登，大家都说我很残酷，"难道我们都是石头做成的？"我必须攀登一百级阶梯，攀登所有否认自己是阶梯的人。

二七　彷徨者

前面已经无路，只有充满寒意的无底深渊和寂静。你错了！离开那条极为称意的路吧！考验已经来临，让冷静的双眼明亮起来！你若恐惧，必定失落！

二八　勉励初学者

看婴儿无助地爬，在他旁边，猪崽呼噜哼唱。若一味哭泣，是否能学会走路？永勿惧怕！只要等待，他立刻对舞蹈有兴趣。当婴儿站立之时，你发现，使他站立的是他的头脑。

二九　自我为中心的行星

难道我未曾转动过一个在滚动的木桶？我自问。如果我未能引燃自己、发出光热，又如何能掩没炙阳留下的痕迹？

三十　邻近

我无法提起欢悦，朋友，只因过于接近，我多希望他遥远、高高在上，否则，他怎能成为我的明星？

三一　伪装的圣者

为免受害，在魔鬼的诡计中，你必须会掩饰自己，如此一来，魔鬼无法施展狡诈与伪装，因为，他们看起来与你大相径庭。

向他们显示你的圣洁吧！

三二　奴隶

A

他伫立倾听：他的痛苦来自哪里？

是什么迷惑了他的耳朵？

是什么疏离了他们？

为什么他的心要遭受痛苦的撕裂？

B

就像曾经戴过的脚镣，

他一直听到链条的叮当声！

三三　孤独者

我厌恶跟从，也不喜领头。

服从？不！统治？不，绝不！

在别人眼中，是否有恐惧？你自己是否也会惊惶无措：除了恐惧者，人们都战战兢兢。

我厌恶支配自己，厌恶冲突，我就像野兽，游荡在无边的原野。

一旦陷入诱惑的圈套，我会咆哮，自顾自地回家去！回到能吸引我的地方。

三四　塞涅卡，一个高贵的人

他们写了又写，滔滔不绝地闲聊，摆出一副无所不晓的样子，仿佛他们的作品一流，是未来的哲学。

三五　冰块

我制造冰块，冰块会助你消化，假如你有许多东西需要消化。但，你又如何享用我的冰块？

三六　早期的作品

我的智慧的A和最后的O，那声音震坏了我的耳朵。如今，它不再响起，我年轻、永远的呀（Ah）和噢（Oh）就是现在我听到的声音。

三七　慎重

在旅途上，请小心！善用你的机智，并加倍小心！

他们会笑着引诱你，将你的肢体撕裂，在狂热者的国度里，没有机智。

三八　虔诚的人如是说

上帝爱护我们，因为他创造了我们，并将我们送到这个世界。

"人创造了上帝。"一个灵巧的人回答。

小心紧握他的手工艺品，难道他会否认自己的创造？

远处又响起了魔鬼的脚步声，我害怕。

三九　夏季

在布满汗水的脸上，我想到我们必须自食其力。

一位聪明的医生曾说："在汗水中无所求"。

天狼星眨着眼：它需要什么？它的熠熠星光又表示什么？

在布满汗水的脸上，我知道我们要喝自己的酒。

四十　不嫉羡

他的表情毫无嫉羡，你是否赞美他？

他无视群众是否向他歌颂！

他有遥视远方的犀利之眼，他并不注视你，他注视的是一颗一颗的星星！

四一　赫拉克利特学说

兄弟们，战争是世间的快乐之源，火药的烟味和杀伐的喧嚣，皆见证友谊的诞生！

友谊意味着两重意义：孤苦无助时的亲情；和面对敌人时、死亡来临时的一视同仁的自由！

四二　过于拘谨的警语

宁可用你的脚尖站立，也不要用四肢爬行。

宁可经由细小的锁孔，也不要穿过打开的大门！

四三　忠告

你是否决心要赢取声望？

我的看法是，你不需盛名，你必须超越它。

四四　通过

我是一个探索者？

不，那不是我的职务，

我只是要衡量一切，

我竟如此愚笨，

在水中我不断下沉，

直到我触及最深的海床。

四五　众神

今天为我降临，因此，今天我来。

这是早已注定留下来的人所说的。

"你来得太早！"

"你来得太迟！"

他们大喊，

不管芸芸众生说什么，

和众神又有何相干？

四六　评厌烦者

厌烦者因被耀眼的阳光照射而局促不安，
但唯有勤于照顾树木的人才能得到遮荫。

四七　坠落

"他将坠落，将沉没"，
你以那轻蔑的表情提出警告，
从你的水平线望去或许如此。
乐极生倦，
他那明亮的光辉，
呈现在黑暗的尽头。

四八　大自然的静寂

长发围绕颈项，
时钟挂着关心。
星夜已成过去，
没了阳光日影，
门前没有黎明的召唤，
大自然不再报时。
钟声已被淹没，
懒散法则的音调，
也变得低沉。

四九　哲人之言

众人感到陌生的，

却对他们有益。
我依旧赶我的路,
时而云掩,时而日出,
但永远走在众人前头。

五十 一个虔诚的心愿
噢,愿所有钥匙都遗失!
愿所有小偷都能从栓孔进入!
有谁将这心愿告诉小偷。

五一 他失去了头脑
她怎么变得机灵了?
男人常为她失去理智。
他的头脑虽然聪明,
但已借给过去,
他径直奔向魔鬼,
不,奔向女人。

五二 书写的脚
我不仅用手书写,也用脚书写。
我的脚跳跃不已,
小心、大胆、自由地行进,
时而穿过原野,时而穿过白纸。

五三 人性，一切太人性的
你会感到羞愧、沮丧，
当被迫退却，要信赖你所寄托的未来。
你是一只猛鹰？
娇贵的家禽？
还是密涅瓦心爱的猫头鹰？

五四 致读者
我祝福你！
你必定需要健康的牙齿和良好的消化！
你若能接受我的书，
也必定能容纳我的幽默。

五五 现实派画家
"还给自然一个完全真实的面目吧！"画家呐喊。
谁能将自然完全真实地带到画布上去？
她的无数最细微处尚非拘泥的人所能了解，
他的画只是他所幻想的玩意罢了，
他还能幻想什么东西？
他又能画什么东西？

五六 诗人的虚荣
黏胶，只有黏胶像我的配药。
我自己会找到那棵树，
不要怕，给四行空洞的诗句赋予意义，

是我敬佩的一项成就。

五七　尝试抉择
假如谨慎地选择适合我的地方，
我会从命运那里争取自由。
我希望进入天堂乐园！
早早地等候在天堂门前！

五八　歪曲的鼻子
用你的鼻孔大力扬风，
横过这块土地，
你的鼻子将掌握高傲的支配权。
你这头没有角的犀牛，
自大的侏儒，
一直坠落下去，
只要有个倾向，
其余的就都跟随而至，
一个挺直的骄傲，
一个歪曲的鼻子。

五九　笔在删涂
这支笔正在删涂，
"绞死这支笔！"
因为删涂，
我被判抛入水中淹死。

我紧握墨水瓶。
用流畅的墨水纵横挥洒，
这流水的生涯何等充实，何等激壮！
我的辛劳为我换来怎样的幸运！
任谁书写都难得洁净，
但有谁会读我写的东西？

六十　崇高的灵魂

这个人正往上攀登，
让我们赞美他。
他从高处不停地前进，
除了赞美，
让我们再举起他，
他来自天上！

六一　怀疑论者的话

你的生命过了一半，逝者如斯，你的灵魂因恐惧而颤抖。
它缓步遥远彼岸，
却一无所获，
你却兀自徘徊在这里！

你的生命过了一半，
每时每刻尽是痛苦、过错。
为何停留？你还在寻找什么？
我在寻找我在此停留的理由！

六二　瞧！这个人

我知道何处是我的归宿，
就像那不熄的火永不满足，
我拼命燃烧自己，发热发光，
直到一切都成光明，
才算找到自己。
我舍弃成为煤炭的一切，
是的，我是火焰，我知道！

六三　星的道德

命运注定要在浩渺无垠的太空！

星星和黑夜又有何关系？平静地推移，让时光流走吧，也让忧愁掠过我们随风而逝。怜悯徒然使光明黯淡，我们将高兴地看到遥远的另一个世界。一条法则，要纯洁与明亮！

注释

1 A和O意指Ah和Oh，引自希腊字母中的首尾二字母阿尔法Alpha和欧米伽Omega。
2 密涅瓦，罗马神话中的智慧女神，司理智慧、技术，长于发明。

卷一

1 诠释存在意义何在的导师

无论我以善还是恶的眼光来看人，总觉得所有人都有一个毛病：刻意保存人类。

这当然不是出于任何对人类同胞的爱，只不过是因为在他们身上再也没有任何比这本能更根深蒂固、更冷酷无情和更不可征服的东西，这就是我们人类的本质。虽然我们早已习惯用一种短浅的眼光去严格判断我们的邻人善恶与否。但如果我们做个统计，多花些时间思考整个问题时，就会怀疑这种界定与区别，最后只得不了了之。即使是最有害的人，也仍关心保存人类，他要保护自己，用不含人类早已腐化衰退的刺激去影响别人。

憎恨，经常导致灾害、贪婪、野心以及其他所谓邪恶的东西。保存人类的不可思议的制度，一个相当浪费、非常愚昧的制度，但是不管怎样，它还是证明了人类保存至今。我亲爱的同胞、邻居，我不知道你是否能活到目睹人类遭遇那能危害人类、也许使人类早在数万年前便已灭绝而现在连上帝都无法挽救的"难以想象"的、"非常严重"的不利处境。

要满足你最好或最坏的欲念，最好是经历一场大难，不管是什么样的历练，都可能使你在某方面成为人类的高瞻远瞩者与施舍者，人们可能赞颂你，同样，也可能嘲弄你，不过你将很难找到一个真正有资格嘲弄你的人。有一天，当他们恍然大悟时，他们会找回失去的良知，嘤嘤泣诉他们的不幸与羞耻，并投入真理的怀抱。

我们笑自己，如同笑那种最实在的真理。对真理的最高体验及所知仍嫌不足，即使最具天才的人依然无法望其项背，不过，笑声仍充满希望，当那句箴言"人类才是最重要的，个人算什么！"被纳入人性之中时，当最后的快捷的解脱方式一直摆在你面前时，也许笑声和智慧就会联在一起，这就是唯一的"快乐的知识"。无论如何，那总是两回事。同时，当存在的喜剧自身尚未成为一种自觉意识时，它依旧是悲剧的、道德的和宗教的。

这些道德与宗教的创立者、努力追求道德价值的鼓吹者和唤醒良知的导师们的新风貌究竟暗示着什么？他们一直是那方面的英雄，他们虽然也看到其他面，但是由于太过关心自己这一面，这些英雄就好像是一种活动的布景或机器，扮演着密友及心腹侍从的角色，随时为那一面服务，诗人常是某些道德的侍从。

很明显，这些悲剧人物也会为人类的利益而工作，他们自命在为上帝的利益工作，仿佛是上帝的使者。他们也会促进人类的生命，助长生命信仰。"活着是值得的，"他们都如此叫喊。"生命中有十分重要的东西，它们被深深隐藏，对这些重要的东西要小心！"这些鼓舞的话同样支配着最高贵的人和最卑贱的人，也就是这个鼓舞一直激发着理性与热情的精神，保存了人类。这些动机造成如此辉煌的成就，力图用它所有力量使我们完全忘掉那仅仅是一个刺激、本能、愚昧和无根据的行为。

生命应该被热爱，为了……！人应该有益于自己和邻人，为了……！所有这些"应该"和"为了"暗示了一切，暗示了将来！

没有经过构想，不自觉发生的行为，应成为由构想、由理性支配的行为。为了达到这个目的，伦理学家自告奋勇地在存在中做策划的导师，为此，他还发明了另一个不同的存在。这样一来，新的机械将旧的"存在"带离旧的普通枢纽。

不！他不希望我们笑那存在，笑我们自己、他自己。个人总是个人，有些东西自身始终是一个无限，人类既不是"整数"，也不是"零"。

不管他的发明与价值有多愚昧，多执着，他如何严重误解了自然之道、否定了自然之道，所有的伦理制度自始至终如此愚昧、违反自然，他们任何人都足以使人类毁灭，无论何时何地，"英雄"都会跃然登台，并且有新的寻获：雷同人物的可怕笑声。许多人对那思想捧腹大笑。

"是的，活着，有价值！是的，我应该活下去！"

你、我、大家再次对生命有了兴趣。不可否认，迄今为止，"笑声"、理性和自然总在策划师手里占上风。存在的短暂悲剧终会再度变成永恒的喜剧，变成"一连串的笑声"。由于这个"矫正的"笑声，人的本性已整个地被策划师们的新风貌改变，人的本性成为一个附加的条件，成为导师和"策划教义"新风貌的附加条件。

人逐渐变成一个沉溺于空想的动物，他必须比其他动物践行更多的行动：人必须时时刻刻知道他自己为什么存在。若不能周期性地对生命再树信心、相信生命中的理性，人类也不可能如此繁盛。人类也一再宣告："有些东西，不可取笑。"最有洞察力的博爱主义者也加上几句"不仅快乐的知识，还有悲剧的智慧，都用崇高庄严的角度来评价保护人类的方法！"

你了解我吗？我的兄弟！

你是否了解这个新的兴衰规律？我们也会有我们的时代！

2 理智的良知

我经常重复同样的经验，总是做一番新的努力去抵制，虽然事实如此，但我不愿相信：大多数的人均缺乏理智的良知。真的，我似乎经常感到，一个人在大都市里低声乞求，就像在沙漠中一样孤独。每个人都以奇异的眼光看着你，用他的标准来评价这个好、那个坏，当你说他们的评价不准确时，没有人会羞愧脸红，也没有人会对你表示愤怒，他们对你的怀疑付之一笑。

说真的，大多数人并不相信这个或那个并以之为生，事先没有去了解赞成和反对的最确实理由，事后这些理由也没给他们带来任何困扰，这是鄙俗不齿的！即使是最有天赋的男人和最高贵的女人也常在这"大多数人"之中。

但是，对我来说，善良、高雅和天才又算什么呢，假如在一个人的信仰和判断中，他的这些美德有丝毫的懈怠，假如他不能坚持那份真实，不能把它当作最内在的渴求和最深切的需要，那就足以区别一个人的高低！

在某些虔诚的人当中，我发现令我嫌恶的理由，他们败坏掉的理智良知会以同样的态度背叛他们，但是站在重复一致的论调和所有不可思议的、不明显不确定的存在里面，不去追问，不因欲念而战栗，欣然接受问题而不嫌弃提问题的人，这就是鄙俗不齿，也是我在每个人身上首先要找的情境。

愚人一再要说服我，只要是人，他就会有这种情感。

我想这就是我特殊的"不正当的风格"吧。

3 高贵和卑贱

对卑贱的人来说，一切高贵、宽怀大量的情操都显得不当，因为最高等的与最上流的皆不可信。当他们听到这样的话时，他们会眨眨眼似乎想说"一个人不能看穿所有的墙还是有好处的"。他们嫉妒高贵的人，就好像他借助诡秘的方法找到利益。当他们都十分率直地深信没有自私的意图和报酬时，他们把高贵的人当成傻子，轻蔑他的快乐，嘲笑他眼中流露出来的睿智，"人怎能乐于处在不利地位，睁着两眼希望遭遇不利的境况呢，他一定受到了高贵者的影响，理智有了毛病。"他们如此想，随即现出轻蔑的脸色，就像他们轻视从他固定的意念中得到疯狂的喜悦一样。大家都知道，卑贱的人只想保持他看得见的利益，而且这种观念比最强的刺激，比他的奇思妙想还强烈。

和卑贱的人比起来，高等一点的人反倒显得没有理性！

高贵、宽怀大量和自我牺牲的人，都经不起刺激，当他处于颠峰状况时，理性就会整个低落。一只动物，冒着生命的危险去保护幼儿，在交配季节跟随异性临艰履险，毫不顾虑危险与死亡。它的理性会暂时中止，它将所有的喜悦都贯注在幼儿和异性身上，由喜悦产生的畏惧强烈地支配着它，它显得比平常笨拙，就像高贵及宽怀大量的人一样。

他具有如此强烈的喜悦和痛苦，理智若不保持缄默，也应当屈尊为它们服务。

他的心跑到脑子里去了，一个人如此诉说"激情"，那是非理性或乖张的"激情"。卑贱的人轻视高贵的人，高贵的人的价值观表面看来总是空想独断，总是冒犯受"食欲激情"支配的人，他明白诱惑扮演着暴君的角色，但是他不了解，一个感知不到爱的人，怎会拿健康和荣誉下注。

高等人致力于尝试特殊的事情、不影响别人的事情、并不美好的事情时，他们的价值标准会和一般人不一样。但在这特殊的尝试中，大部分的信仰仍无异于常人标准，他还是希望他信仰的价值标准和一般人同样明确。

如此一来，他就变得不可理喻，变得不切实际。这些人很少有足够的理性去了解并与平常一般人相处，对大部分高等人而言，他们深信自己具有隐藏在每一个人身上的"激情"，他们对此信念极为热衷并大力辩护。

假如这些特殊的人不了解，自己本身就是特殊的，他们又怎能了解卑贱的人，并且正确地评估常人。这也是他们常认为人类愚蠢、失当和胡思乱想的地方，对世界的疯狂充满了惊讶，不明白"有一件事必须如此"——这就是高贵者永远不当之处。

4 人类的自我保存本性

最强与最坏的人，迄今一直在人类最前面；他们总是让昏睡的人再度振作起来，井然有序的社会常使人类的激情昏昏欲睡。他们一再唤醒人们，要有和新的东西做比较、冒险反抗和热衷于未曾尝试的追求的精神，他们使人提出新的看法，对抗另一个看法，提出新的理想计划去对抗另一个理想计划。他们使用权力倾覆界碑，尤其用虔诚的侵犯，甚至也用新的宗教与道德！

而同样的"弱点"，也依旧在每个新的传教士和导师身上，新的东西往往会使征服者声名狼藉，它会使自身显得更精炼，但不会立即使肌肉运动。

无论怎样，新的东西总在企望克服邪恶的环境下产生，它尝试去倾覆旧的界碑和旧的虔诚，"只有旧的才是好的！"每一个时代的好人，都能深入旧思想的根底，孕育果实，他们也是时代精神的耕耘者。但是，每块土地最后都干涸，而且邪恶的犁头也会一再光顾。

现在有一个在基本上就犯了错误的道德理论，它十分著名，尤其在英国，根据这个道德理论，"善"与"恶"的判断是以它"得当"与否的经验累积为凭据，所谓"善"就是能保存维护人类的，所谓"恶"就是不利于人类的。

但事实上，"恶"的刺激带给人类相当程度的适当，而且不可缺少地保存维护人类，其影响是与"善"一样，只是它们的作用不一样。

5　绝对的责任

所有的人都觉得需要最强烈的字眼和音调，最动人的举止和风度，去影响支配别人，而这是无法侥幸的。革命的政治家、社会主义者、基督教或非基督教的传教士，所有这些人一提到"责任"，事实上，他们也老是提到具有绝对性质的责任，没有这种责任的人就没有感伤的权力！他们就想攫取劝诫某种绝对不可避免的道德哲学，或同化许多宗教，就像马志尼所做的那样。

他们要得到人们的绝对相信，就必须先要绝对相信他们自己。这样，他们的跟从者与下属才会乐于感觉并宣告他们自己。这样我们就会产生最天然的，其中大部分也是道德启蒙运动和怀疑论的最有力的对手，不过他们毕竟不多；从另一方面来说，当争论和荣誉似乎都在阻止它时，在任何以利益诱导服从的地方，都有许多对手。

当一个人想到自己身为一个君主或一个党派、组织，甚至财团的工具时，他感到很可耻，而希望只是这个工具，在他自己和大众面前是如此。这种人需要一种在任何时刻都能诉求的感伤原则，一个绝对"应该"的原则，一个人可以不必感到羞愧地服从自己，而且表现出自己是受支配的。所有更高尚的卑屈，很快会把握住绝对不可避免的责任，而那些要将责任的绝对性质抽掉的人才是致命的敌人：端正向他们要求这个原则，而且不只是端正。

6　尊严的失落

冥想已经失去了它所有形式的尊严。庄严的冥想形式使冥想者成为被嘲笑的对象，人们也不再能接受一个古老的智者。

当我们走在路上，在旅途中，在处理各种事务的场合，我们匆忙地思想，甚至在处理最重要的事务时也想。我们渴想拥有一点休息和准备的时间，甚至一个小小的宁静，好像在我们每个人的脑子里，都有一部不停转动的机器，即使在不如意的状况下，它依然在活动。

以前，这种情形，只有当一个人在某些场合要思想时，他才会感觉到，那也许是例外，现在他想要变得更加聪明，并且将他的心志聚集在一个思想中。为此，他拉长脸，停下脚步，就像一个祈祷者！当思想"来临"，他依旧会用一只或两只脚在街上站几个钟头。

这真是件"很有意义的事"！

7　辛勤劳作

对目前要拿道德问题作为研究主题的人而言，眼前正有一片广阔的天地在等着他。在任何时间、任何人，伟大的或渺小的人身上，所有情欲都必须单独考虑，单独跟踪探寻。人们对事物的理性态度、价值观念与诸般解释，都必须是明明白白的。

迄今为止，所有那些曾经给存在添加许多色彩的东西，都缺乏一个历史；我们是在哪里找到爱的历史、贪婪的历史，以及羡慕、良知、怜悯与残酷的历史呢？

甚至一个法律的比较历史，也同惩罚的比较历史一样残缺不全。将日子区分为若干劳动、娱乐及休息等时间的一般观念，我们是否做过探讨呢？我们是否了解道德对营养的影响？是否有一种营养哲学？人们反复大声疾呼或赞成或反对素食主义，就证明了还没有一种这样的哲学。人类自治式的生活，例如修道院的生活，其经验有没有收集起来？有没有人宣布过婚姻与友谊的辩证法？对日常生活习惯，商人、学者、艺术家或工人，他们之中有没有人思考过？需要我们想清楚的东西实在太多了！

许多事情，人们只是径直视为人类的"生存现状"，形成这一观点的那些理性、情欲、习惯等因素，他们有没有一探究竟？单独观察人类的应激行为，它在各种不同程度上，都有明显的发展。根据各自不同的道德趋向，最耗费心血的人将会完成更多的成果，这需要几代学者成系统的合作，为完成的数据和观点做透彻研究。理性对不同的道德趋势所做的决断同样真实，太阳之下，不可弄虚作假。

这里又有一个新的工作，就是指出理性所犯的错误，并对迄今道德判断的整个本质做个决断。假定要完成所有这些工作，问题的绝大部分批判，就要放置于最前面的地位了。不管科学是否处在一个完成人类行为目标的立场，它都要证明它能将那些批判消除或废止。接着便是一连串的实验过程，而在实验过程中，每种英雄行为自身都得到满足。一个历经几世纪的实验，常常被放置在先前那些伟大工作与奉献的历史中的不显眼处。

科学迄今仍未建立起它巨大的架构，不过那个时刻终会来临。

8　没有意识到的德行

人的特性，在于有意识，尤其是当他对周遭环境观感清晰时，更是如此。此外，人们只倾心于进展规则，而排斥不能完全理解的人类天性，从这一事例，我们不难看到意识的强劲与灵敏。"意识"的敏锐和灵巧，往往使一些更敏锐、更灵巧的人也时常懵懂混沌，就好像是意识的特性背后并没有隐藏什么，又好像在爬虫类动物的鳞片上做精致的雕刻。如果把那些雕刻品看成是装饰品或爬虫的护甲，都错，因为只有透过显微镜才有办法看个清楚。只有具备动物一样的视觉，才可能把那些雕刻看成装饰品或护甲。但是，谁会具备动物一样的视觉呢！

举个例子来说，我们有智慧、野心和敏锐的触觉，全世界的人都知道这些。其实，我们也曾有过更大的智慧、野心和敏锐的触觉，但是这一切，我们的鳞片，存在的时候，显微镜还没发明呢！而道德会直接说："好极了！他至少认为无意识的道德是可能的，这样我们就心满意足了！"

唉，你们这些毫不精密的生物啊！

9 我们的冲力

人性在其早期就具有许多东西，但由于在萌芽期，很脆弱，它并未注意到已具有那些东西，而那些东西在经过一段很长的时日后突然都很明显地呈现出来，也许是数世纪吧！就是这段时间，那些东西变得强壮、成熟。

对某些人而言，在某些时期，似乎会整个缺乏这个或那个天赋，这个或那个德行。不过，让我们耐心地等待吧，若是我们有时间等待，就算是为了我们的子孙后代，总有一天，他们会将先人们尚不知晓的内在本性表现在世人面前。当然，也时常会有儿子背叛父亲的，在他有了儿子之后，最好不要太早了解他自己。

在我们内心，隐藏着整个花园和耕地，用另一个比喻来说，我们都是活火山，终有爆发的时刻，至于什么时候，没人知道，全能的上帝也无法预测。

10　人类文化的隔代遗传

一个时代的少数人，有如传统文化的回光乍现，他们的影响力并不随时间的流逝而消灭，就像一个人与其文明的隔代遗传，因此，他们仍有许多东西值得我们深思！

现在的人觉得他们似乎很陌生、稀少与特别，而对于觉得是这些力量孕育他们去面对一个不同的相对世界的人而言，他必须为他们辩护，尊崇他们，并使他们的东西更成熟。为此，或许他会成为一个伟人，不然就是一个疯狂的怪人。

以前，这些稀少的特质很普通，他们和一般人没什么区别。也许他们先天是注定成为伟人，而一般人不可能如他们一样伟大，发狂与孤独不对他们构成危险。主要是他们生活在旧式家庭中，而且古老的冲击造成他们那种气质，在种族特性、习惯和价值观念改变太快的环境中不可能有这种隔代遗传。

人类蕴藏的进化力量，其行进速度好似音乐拍子，就我们目前的处境来说，进化的"节奏"是绝对需要的，就像热情的拍子和缓慢的思想进度，天性的速度却是经久不衰的保守思想所决定的。

11　意识

意识，是人类与生俱来的禀赋中最后也是最快发展起来的，因此也是最为粗略与这些发展中最没有力的一环。无数错误皆源于意识，它，诚如荷马所说的"不在乎命运"，常导致一个动物或一个人比其预期的还要提早崩溃。要是保护的本能不那么强有力，就无法做到一个有如调节装置的功能，用乖张的判断，睁着眼做梦。肤浅和轻率，简单地说，只用意识，人类必定走向崩溃和毁灭，若没有前者那些因素，人类早就比后来更糟糕！

在一个机能尚未完全形成与成熟之前，对有机生物是有危险的，假如它能完全压制的话，那是最好！而意识就是这样完全地压制着一切，丝毫没有一点得意，人们认为这就是人的精髓，是他身上持久的、不变的、究极的与最原始的东西！意识被视为是既定与固定的，它没有"成长与间歇"！

它是"有机生物的单独个体"，这个对意识的可笑的高估及误解，也有其由于完成太快而阻碍发展的妙用。人类相信他们已经占有意识，他们在获得它时，并没有给自身增添什么麻烦，不过现在却完全不同了！在人类眼中，一个全新的问题正在产生，而且还不容易清楚地辨认；知识在我们身上具体化，并成为一种本能。迄今为止，我们获取的全是错误，我们的一切意识无不与这些错误有关。

12 学问的目的

学问的最终目的是否仅仅是创造最多的快乐和最少的痛苦，假如快乐与痛苦有非常亲近的关联，它们之间的比例又是什么样的？要想体验"至高无上的欢乐"，就必须有"悲伤至死"的准备。也许就是这样吧。至少斯多亚学派这么看，他们一贯主张将快乐减到最低程度，这样可使生命中的痛苦也减到最低程度。当一个人用"贞洁的人是最快乐的"这句话来表达看法，那就像学校的布告栏发布告一样，这个诡辩的复杂问题还是留给灵巧的人吧。

目前我们仍然有选择：不是短暂无痛苦中的最少可能的痛苦，就是最大可能的痛苦，毕竟，社会主义者和政客总不能明目张胆地向人们提供更多的痛苦，这些痛苦并不能作为一个从未尝试的成长过程的代价。如果你选择前者，你要把承受痛苦的能力减到最低，也必须把承受欢乐的能力减到最低。

事实上，人们可以利用学问将两者的目标向前再推进一步，也许我们尚不清楚学问有什么能力阻挡人们享乐，有什么作用能让他更冷静、更庄严和更自觉地克制自己。但是，它也可能变成最大的痛苦制造者！不过，或许我们会同时发现它的反作用力：它有能力使另一个欢乐的星球发光。

13 力量意识论

凭着我们的好恶，我们常将自己的力量用在别人身上，造成有益或有害的结果。就造成的害处而言，我们必须感觉到对方所造成的损害，痛苦比快乐更容易让人感受到，痛苦总是要追究起因，快乐只图保持现状。要善待那些依赖我们的人，那些人已经习惯于把我们当成他们存在的理由，要增强他们的力量，如此也就增强了我们自己，要让他们明白，这种优势在于我们的力量，这样，他们会更安于现状，对我们的力量没有任何敌意，并同我们的劲敌殊死搏斗。

无论我们为行善或行恶而牺牲，行为的基本价值不会改变，甚至拿我们的生命做赌注，就像殉道者为了教会而殉教一样。对能够给我们提供保护的力量而言，它的确是一种牺牲。人们都会觉得他"获得了真理"，为了保持这种感觉，他费尽心力不让这种"拥有感"溜掉！他之所以没有抛弃，是为了保持"高高在上"的地位，凌驾于那些"缺乏真理"的人之上！

我们在为恶时，很少有欢乐，一种纯粹的欢乐，只有在行善时才能得到。这种反差只不过说明，我们的力量还不够，我们对"欠缺"很厌烦。这就给我们已有的力量带来危险，而报复、轻蔑、惩罚和挫败他人的前景，也变得黯淡。只有那些渴望力量意识的人，才喜欢在反抗者身上盖上力量的印戳，那些屈服的人、行善的对象，却被视为一种负担和累赘。

一个人如何适应自己的生活？这是一个问题，不过也和尝试有关，他也许喜欢慢慢适应，也可能偏爱突然适应，也许喜欢安全的，也有可能酷爱危险的，但最终都是为了增强力量。他往往要根据自身的性情，才能找到这种或那种适应的习惯。

一件轻易得来的战利品，对高傲的人来说，不值一提。他们认为，只有精神没有崩溃的人，才可能是他们的敌人。同样，也只有遇上相当棘手的对手，他们才会为罹难者全力以赴，即使那些人并不值得他们如此拼劲，他们也会借此机会，向与他们分庭抗礼的人表示自己是多么谦恭殷勤！对他们来说，只要是应该表现的时候，争拼与奋斗都无上荣耀。

我们感觉到，未来这些具有"骑士身份"的人，习于向别人表现谦恭有礼的风度。而对那些并不很高傲、也不希求去征服什么的人来说，同情是一种很愉快的感受；轻易得来的战利品，即那些受难者，也算是一件很迷人的东西。有人说，同情是轻浮女人的美德。

14　什么叫爱

渴望财产和爱情的欲念，两者有什么不同？也许它们只是同一个刺激的两种名称。

一种情况是，从他们先入为主的观点，率然诬蔑。

另一种情况是，从不满、渴望、并美化为"善"的观点来观察。

我们对邻人的爱，是不是一种对新"财产"的追求？我们对知识的爱，对真理的爱，对新奇事物的追求，是不是也出自对财产的占有欲望？

我们已厌倦老旧与安稳地拥有着东西，为求刺激，我们再度放手一搏。即使在风景最美的地方，住了三个月，也就不再那么喜爱了，任何辽阔的海岸，都会引起我们的贪念和妄想。所拥有的东西，都因拥有而变得渺小、变得庸常。

我们的快乐，试图在我们身上不断更新，维持自身，虽是拥有片刻，但也贪恋不放。当我们对拥有的东西产生厌倦，我们也对自身产生厌倦，拥有太多东西，我们反而痛苦。看到任何人有了困难，我们会欣然相助，不求任何回报。一个仁慈或有同情心的人都会这样做，而他依然会将获取新事物的欲念称作"爱"，并且乐在其中，好像新事物主动向他推荐它自己，而不是他主动获取新事物。

异性之间的爱很明显地背叛了它自己，拼命追求"占有"，私心已极，无以复加。

情人总是希望绝对、单独地拥有他所追求的对象。他企求，对她的灵魂和身体都拥有绝对的控制权，他要单独地被爱，并且统御、驻留另外一个灵魂。当她认为，这样意味着整个世界都被排除在他所心爱的一切之外；当她认为，这个情人已看到其他情敌的贫乏困穷，却只想守住他的金库，好像是所有的"征服者"中最轻率、最自私的；当她最后认为，对这个爱人自身而言，这个世界不但显得冷淡、苍白、无意义，而且他已准备不顾一切扰乱所有秩序，置别人的利益于不顾时，他非常惊讶地发现，这种对财产的残酷欲望以及不正当的性爱，得到了"美化"与"神圣化"。是的，和自我本位相反的爱的概念，应该从这个爱开始推知，当它变成自我本位最不适合的表达时，更应如此。

在这里，很明显，一无所有的人和渴望拥有的人，已经限定了语言的用法。那些拥有太多惠赐的人，例如雅典人，就经常把"狂暴的魔鬼"这个名词漏掉一个字。不过，厄洛斯总是嘲笑这些斥责的人，嘲笑这些他一向最宠爱的人。当然，在地球上到处都有一种爱的趋向，在这种趋向中，两个人之间的贪求，屈服于一种新的欲望和贪念。在一般人中，高等一点的人便希望有一个优势的立脚点，以凌驾于别人之上。总之，谁知道这个爱？谁体验过？它的正确名字就是友情。

15　远看

这座山，使整个地区从各个角度看起来都很迷人，而且很有意境，在我们对自己如此诉说了几百遍之后，便不经三思，对它表示激赏之意，好像它是魅力的赐与者，我们幻想它自身必定是这个地区中最迷人的部分，因此毫不犹豫地就攀登它。突然间，围绕着我们的山，仿佛从我们的梦幻中失去了魔力。

我们早已忘了"伟大"，忘了"善"，只希望隔着某些距离让人看，而且它完全来自低下的一面，而非高上的一面，只有它会这样做。也许你知道在你的邻居里面，有许多人，只有从某个距离，才能看到并发现他自己是有耐心、有魅力和有朝气的，他们的自觉力被蒙蔽了。

16　越过木板

在和羞于表达的人交往时，一个人必须会掩饰、会装糊涂。任何突然变得很体贴、很热心与很兴奋的人，都会令他们吃惊、厌恶，他们会认为，自己的秘密已被看穿。在这个时候，一个人想表达亲善之意，最好的办法是说些无伤大雅而且风趣的话让对方笑，这样，他们的感受便能凝聚，心绪也能恢复平静。不过，在讲这些话之前，我要先给你们一个提示：

在日常生活中，大家曾经如此亲密，似乎再也没有什么能阻扰我们的友情和对同胞的爱的，除了一块小小的木板横隔在我们之间，当你踏上这块木板，我问道："你要越过这块木板来到我这里吗？"那么你就不想过来了，虽经我再三请求，你还是默然不动。这样一来，高山大河以及能令人阻隔与疏离的一切障碍，就都介入我中间，纵使我们想继续互相来往，也没有办法了。

不管怎样，现在当你想起这块小木板的时候，除了啜泣和惊讶，你再也无话可说。

17 贫穷的刺激

任何方式，都不可能使我们在穷人身上，制造出一种富裕华丽的德行。不过，我们可以很从容地将贫穷归之于一种必然性，这样，它就不会带给我们痛苦，我们也不会再对命运摆出一副责难的面孔。

一个聪明的园丁会将花园里小溪流的水引到喷泉美女雕像的手臂上，他刺激了穷困者，却不像园丁，需要那个美女雕像。

18 古代的骄傲

我们的身上已不再有古代贵族的高贵气质，在我们的观感里，已经没有古代奴隶。一个没落的希腊贵族发现，一向高高在上的他们和最下层的群众之间，竟然隔着如此无法测量的活动范围和距离，他甚至很难真切地看到奴隶，即使是柏拉图也没有完全看到。现在的人则不然，我们已习于"人人平等"的理论，虽然并不平等。

有一种人不能随意行动，也没有自己的时间，我们不认为他们是卑贱的，也许在我们每个人的身上都带有这种奴性。依照我们的社会秩序和活动范围来看，现代人的奴性和古代人的奴性不一样。

希腊哲学家都怀着一种神秘的感觉，度过他的一生，这个感觉就是奴隶比想象中的人数还要多很多，除了哲学家之外，每个人都是奴隶；当他们想到即使是世界上最强大的人看起来也像个奴隶时，马上就神气起来。我们不知道，也不可能有这种神气。"奴隶"这个字对我们一点作用也没有，即使在我们微笑的时候。

19 罪恶

去测试最好的人生和最丰饶的民众与国土，并且问你自己：一棵骄傲向天生长的树，是否能免于暴风雨的侵袭？是否能免于冷落与反对？如果有一个对伟大的生长、甚至德行有利的环境，是否各种憎恨、嫉妒、顽固、怀疑、严酷、贪婪和暴力就都不会属于这个"有利"的环境？毒药能摧毁一个虚弱的人，同时也能使健壮的人更加坚强，而他并不把它当作毒药。

20 愚昧的尊严

数千年以来，人类所做的所有最细心的事都会呈现在我们的面前。也就是因为这样，细心将失去它所有的尊严。细心确实必要，也是普遍平常的，而一个较为挑剔的尝试会觉得这个必要等于一种粗俗。如同一个真理或科学的专制将会提升虚伪的价值，细心的专制也能促使一个崭新而高尚的人卓尔不群。

追求高尚，也许意味着一种愚行。

21 致无私的教师

一个人的美德，之所以"善"，并不是因为德行对他有什么好处，而是因为德行如我们期许的一样，对我们整个社会有好处。当我们在赞美那些美德时，每个人多少都有一点不那么自私及"非自我本位"的心态！若非如此，那些美德，如勤勉、服从、纯洁、同情和公正，对具有它的人早就造成不小的伤害，就像在他身上一些太过强烈的刺激不能和其他理性的刺激相协调一样。

如果你有一项美德、一项完美而积极的美德，而对这项美德并不是只有一种刺激在针对它，那么你将成为这项美德的牺牲品！当然，别人还是会因为你的美德而赞扬你。一个勤奋的人，虽然会因为他的勤奋而损害到他的见地或者精神上的清新与创意，但是依然会受到褒奖。

年轻人对他分内的工作"鞠躬尽瘁"是可敬的，同时也是可惜的，他忽略了"一个人牺牲，虽然死不足惜，但对整个社会来说，却是一个极大的损失！对这种牺牲，我们当然感到惋惜！而更大的惋惜是，还有人持另一种想法，认为他自身的保护与发展，比他服务社会的工作还重要！"我们之所以惋惜这个青年，是惋惜他作为一个奉献的"工具"，没有想到自己所谓的这个"好人"的死会使社会损失。也许我们会想到一个问题，假如一个人在工作时对自己多照顾一点，使自己能生存久一点，这样对社会的利益是否会比较大呢？

事实上，我们常会很轻易地承认某个利益，但我们也尊重别人的利益，也就是说，既然有牺牲的出现，那么就很明显地证明了人类具有牺牲精神。因此，从一方面来说，当一项美德被称赞时，我们是在称赞美德中有帮助的性质；从另一方面来说，各项美德盲目与控驭的刺激，不愿被局限在个人一般利益的界限内，我们称赞的是美德中的非理性部分，由于这个非理性，个人才允许自己转化成"整体中的一个机能"。称赞美德，就是称赞对个人私下的伤害，也是称赞剥夺个人最高贵的自爱情操，细心照顾自己的权力。

为了教导并养成合乎美德的习惯，美德所带来的一连串影响均已昭然若揭，这也表示了美德和个人的利益之间有着密切的关系，事实也有此关联！一种工具的典型美德，例如盲目地勤奋，表明了致富与荣耀之道，也是沉闷和情欲的有利解药，但我们却漠视它的危险，一个相当大的危险。

教育始终是以这种方式进行，它拼命用一连串的利诱铸造个人的思想与行为或某种模式，当这种模式变成一种习惯，刺激及情欲便控驭了这个人，使他处于和自己的基本利益相反的立场，只是"为了大家好"。我经常看到盲目地勤奋的确能创造财富和荣耀，不过，许多高尚优雅的机能，也同时被这创造财富和荣耀给剥夺了。

所以，那是真正抗拒沉闷和情欲的权宜之计，同时使感觉迟钝，使执拗的精神接受新的刺激！在所有时代中，最为忙碌的是我们这个时代，除了更多财富和更加勤奋之外，我们根本不知道如何从这伟大的勤奋和财富中制造一切；甚至我们需要更高的天才去抛弃财富，甚于获得它。这样，我们才能"绵延后代"！如果这种教育成功，个人的每一项美德就都成了"公用设施"，个人的不利也将干涉到他的最高目的。也许某些心理分析美学会阻碍成长，甚至导致早死。站在同样的观点看，我们可以想到其他服从、纯洁、同情和公正等美德也都一样。

我们若称赞一个有自我牺牲和无私美德的人，他不会耗费他的所有精力与理智去谋求个人权力的护持、发展、提升及扩张，而自觉活得很谦虚、很冷淡或很讽刺，这个称赞绝对不是发自无私的精神！"邻人"若称赞他无私，那是因为"邻人"能"从中得利"！假如这些"邻人"是"无私的"，就会拒绝破坏他的权力，伤害他的利益，他们一定会阻止这种自私的出发点，尤其更重要的是，他们会以"不滥加善名"来表明他们的无私，在这里，要指出那个目前高高在上的道德概念的基本矛盾：这类道德动机与它的原则正相反！道德既想以此证明它自己，却又以道德批判来反驳它。

快乐的知识

"你应舍弃自己,并将自己当做牺牲品一样地奉献出来"。为了不与自身的道德概念相矛盾,就应该由,也只能由自己舍弃本身利益的人来宣告,那个人也许在做个人自我牺牲的要求中,就导致他自身的崩溃。不管怎样,一旦"邻人"或社会为了公共利益而赞许利他主义时,相反的主张"你应追求自己的利益,即使牺牲别人也在所不惜",就会马上被提出来应用。因此,"你应该"和"你不应该"其实都是出自同一口吻的说教。

22　上帝是为国王而存在的

一天开始了,让我们开始安排今天的工作,以及此刻仍在安睡中的仁慈国王的贺宴。陛下,今天的"天气"不好,我们应该小心,不要说不好,不要提"天气"。今天我们将忙一整天,多少该谨慎一点,要使贺宴多少比平常热闹一点。也许陛下贵体违和,我们应该告诉他一个好消息:昨天晚上蒙田先生已经抵达,他知道该怎么样针对陛下的不适,编些令人愉快的笑话,陛下患结石病。

我们将招待几个人。人!在他们之中的那个鼓气的老青蛙,假如听到这个字不知道会做何感想!"我不是人,"它会说,"不过就是那东西本身。"招待时间比令大家高兴的时间还要长。有充分的理由要告诉那个在他门上写满诗句的诗人,"他若进来这里,我会尽主人之谊,他若不来,就谢天谢地。"

真是岂有此理,怎么以一副无礼的态度说一些无礼的话,也许这个诗人对他的失礼处有一番辩解,他们都说他的诗胜于他的人。就让他继续对他们多做一些辩解,尽可能从这世界引退,在另一块土地上的君主终归比他的"诗"更有价值,我们究竟在说些什么呀?

我们低声闲聊着,而整个宫廷相信我们是一直在工作,甚至累得头痛，灯火尚未在窗里点燃之前，我们还看不到亮光。听！那不是钟声吗？岂有此理，舞会已经开始了，而我们还不知道自己的巡回区域！

我们必须临机应变，整个世界都在为这个日子即兴演奏，今天，让我们一如整个世界所做的同样再做一次！就这样，我美好的晨梦破灭了，大概是由于钟楼传来刺耳的钟声，钟声带着奇特的神气，宣告此刻正是第十五个钟头。看来梦中的上帝似乎要使我的习惯成为一种快乐，我的习惯是以适当的安排开始一天的生活的，并能胜任愉快地将工作处理得有条不紊，像个君主似的。

23　腐化的特征

让我们来观察一下随时都会发生的社会现象——"腐化"有哪些特征。

第一，任何地方的腐化很快就会形于表面，五花八门的迷信占据上风。一般民众平常的信仰与其相比，显得苍白、了无生气，迷信是下层阶级的一种"自由思想"，他能从中选择某种适合自己的形式和教条，他有这个权利。那些对古老宗教及宗教气氛怀有崇高敬意的人，对这种腐化的现象深表不满，他们一向也决定语言的用法，而他们对迷信，对那些"最自由的人"的评价，也非常低。我们不妨将它视为一种"启蒙运动"的征兆。

第二，一个社会之所以会受迷信的摆布，应该归咎于它自身的"懦弱无能"，譬如对战争的兴趣，在这个社会明显减小，现在人们希望追求舒适的生活，就像从前追求军事和体育的荣誉一样。人们已习于忽略一个事实，往昔在战场或竞技场上争取辉煌成就的整个民族的精力与热情，现在都已变成无数的私人情欲了。

事实上，在"迷信阶段"，个人所使用的精力，就质与量而言，均较往昔有过之而无不及，也是以前所做不到的、未能充分发挥的。也就是因为处于"懦弱无能"的状态，以致悲剧在各处此起彼落，激烈的爱与恨也由此产生，知识的火焰，炙热地燃向天空。

第三，就像改正对迷信和懦弱无能的非难一样，习惯上人们总认为腐化时期是一个较柔顺、残酷的行为也比以前大大的减小、也更老实与强健的时期。对这种赞扬一如那些非难，我都无法同意。我只能姑且这样说，残酷现在变得更高尚了，它的那套古老形式已不被接受，但在腐化时期，它诉诸言语举止所造成的伤害和折磨，却是达于极点。大致说来，腐化时期的人被富于机智，也喜欢造谣中伤，他们现在都用短剑或埋伏之外的其他方式来谋害人，但他们却能获得人们的宠信和好评。

第四，当"道德"衰败时，那些专制者，便现身露面，他们是"个人"中的佼佼者，也较为早熟。不过在某个短暂时期，这些水果中的水果，还是会好坏相杂地悬挂在树上！就是为了这些水果，才让这棵树存在！而当这衰败达于极点时，专制者之间也会引起同样的冲突斗争，结果就是动荡不安，这个最后的专制者，他将人们为争取独立主权而奋斗所得的成就据为己有，并断送了这个独立的主权。在他那个时期，个人都普遍成熟，因此"文化"也丰硕，有很高的成就。但是这并非他个人的缘故，虽然在高度文化中的人喜欢以故作姿态来献媚。事实上，由于社会表面的不安与劳苦，他们亟需表面上的平静。在这个时期，贿赂和叛逆的行为也达于极点，人们爱"自我"甚于爱那个陈旧不堪的"祖国"。所以，若要维护这项需求，便只有一个办法，就是起来反抗这个可怕的动荡不定的命运；一旦有财势的富豪表示准备要施舍金钱时，最好赶紧伸出高贵的手。

人们只为眼前而活，对将来少有确定的展望，每个自欺者都怀着一种心理，在玩一种简单的游戏，人当然只有为"眼前"情势所迫，才会干坏事或行贿，还得为自己保留美德与未来。

这些只为自己而活的个人，他为别人做的事比别人为他做的少，他觉得自己就像不可测的未来一样，惶惶不安。同样，这些人也心甘情愿地听从专制者，专制者深信自己有能力处理任何状况，他既不以人们所了解的来估计，也不以人们的利益为着眼点。不过专制者即使胡作非为，也深深明了个人权利的重要，为了表示个人的道德，他们常会关心地提起，甚至与个人利益结合着来看问题。

他认为自己是，也希望人们认为他是像拿破仑一样的伟人。"我有权利以不变的'本我'来回答一切对我的反对和不满，我是超出整个世界的，所以，任何人不能与我相提并论，我希望大家也顺从我的想法，并且将它视为是一件单纯的事。"当妻子问起他对她的忠诚，拿破仑这样对他的妻子说。

腐化时期，也就是苹果从树上掉下来的季节，我的意思是指个人，未来的播种者、精神拓殖的开拓者，以及国家与社会联合架构的创建者。腐化，只不过是一个人在其丰收时期被咒骂的字眼。

24　不同的不满

无力和柔弱常使人不满，但却能巧妙地美化人生并增进深度。而使人大为不满的，则能巧妙地改进和保护人生。前者显示出他们的弱点和柔弱的性格，他们心甘情愿让自己暂时受骗，甚至忍受一时的狂热与忘形。不过，大致说来，他们永远不会满足，也一直为这无法医治的不满苦恼不已。还有，他们也是那些想用鸦片或镇静剂来获得慰藉者的赞助人，因此他们也厌恶那些把医生看得比牧师还重要的人。

如果从中世纪以来，欧洲的这种牢骚满腹的人过于强势，那么欧洲人的持续"应变"的能力也就根本不会产生了。由于大为不满者的要求太广泛,而且实在太谦卑以至无法抗拒最后的静默。中国便是一个例子,在这个国家里有极大规模的不满,而且其应变能力已经消失了好几世纪。

以中国人对生活的改进和保护的尺度,倘若他们能首先根绝过于病态的、虚软的和柔弱的不满,以及在我们身上也仍然极为浓厚的浪漫精神的话,欧洲的社会主义者和城邦政治的崇拜者,便可以轻易地为中国的现况引进一些东西,为中国人带来"快乐"。

欧洲是一个病弱者,它应该为好在有为它的不治及不断应变所受的苦痛而感激。而由于这些延续不断的新形势,以及这些同样延续不断的新危险、痛苦与代用品,最后终于引发出一种敏感的知性,这种敏感可以被称为天才,至少可以被称为天才之母。

25 知识并非先天注定的

世界上有不少愚钝的谦卑,当一个人为其所苦,他就永远没有资格做一个知识的门徒。当这种人一旦理解到任何惊人的东西时,他转身就跑,并对自己说:"你一定是欺骗了自己!你的聪明到哪里去了!这不可能是真的!"接着,他又不多加注意地去看、去听,像遭受恐吓似的一味逃离这个惊人的对象,并且设法尽可能将它忘掉。他的基本法则是:"我不愿看见那些与我们平常的观点背道而驰的东西!难道我是为发现新的真理而创造?那早已有太多的前人做过了。"

26 什么是生存

生存——它一直不断地从我们身上排除任何趋向死亡的东西。

生存——对我们自身病弱、衰老的一切,冷酷无情,而且不只是对我们自身。

生存——它的意思是，对将死的人、可怜的人和年老的人，毫不留情？也就是一种持续的谋害？

而古代的摩西曾说过："你不应杀害！"

27　自我舍弃者

自我舍弃者将要做什么呢？他努力朝向一个更高的世界，他要比所有人飞得更高、更远、更久，他扬弃了许多阻碍飞行的东西，而有些东西对他来说并不是毫无价值的，可是，他却不喜欢，他因渴求提升的欲望而牺牲它们。现在这个牺牲、这个扬弃，即将变成有形的东西。

因此，有人称他为"自我舍弃者"，而他就如此这般地站在我们的面前，身体包裹在带头巾的僧袍里，仿佛是披着粗毛衬衣的灵魂。他对于自己给我们带来的影响相当满意，他要继续对我们隐藏他的欲望、他的骄傲和他要逾越我们的企图。

是的，他比我们所想象的更聪明，而且对我们如此谦恭有礼！这个肯定者，这就是他，即使在他自我舍弃时，仍旧喜欢我们。

28　被至善所伤

我们的强烈观点，有时会引导我们勇往直前，以致我们无法再忍受我们的弱点，结果我们因那些观点而消亡。或许我们已预知会有这种结果，不过我们还是不愿稍改初衷，接着我们会更加努力面对那个乐于自我们身上免去的东西，还有我们的冷酷无情，我们的伟大。

像这样的体验，是那些伟大人物对别人以及对他们的时代所产生

快乐的知识

的共同影响的一种象征，最后必定会花费我们的一生。由于他们尽了最大的能力，也由于只有他们能做到，故而他们破坏了许多虚弱的、不安的、进化的和"自愿"的东西，而且自身也受了伤害。

事实上，也许他们会打倒整个弱点，当然，那也只能造成伤害而已，它们之中最好的将被接受，并且单独吸收，因为它是一种太过强烈的饮料，以致他们喝了之后，失去了理性和利己之心。由于他们酩酊大醉，在醉醺醺的情况下，跌入歧途，头破血流。

29　危险的说谎者

当人们开始在法国批判亚里士多德的三一律[1]时，也有人为它辩护，而我们再度看见时常见到而又不愿见到的一幕。

为了他们法律的存在，人们常用虚假的理由强迫自己服从，只因为他们不愿承认自己已习于接受法律的权威力量，而且也不希望所有的一切再有任何变动。人们对每个流行的道德观念和宗教都采同样的态度，而且一向如此。

当人们开始要颠覆习惯，并寻求理智和意图时，隐藏在习惯背后的理智和意图，便只有暗中增添。这里一直隐藏着保守主义者伟大的欺瞒，他们是危险的说谎者。

30　名人的喜剧

有名的人都需要声望，例如所有的政治家，他们不经深思便舍弃了他们的伙伴和朋友，从某个人身上，他们想获取一份他的道德的光彩和反映；从另一个人的身上，他们要得到那种每个人都知晓，而在他身上不明显的引起恐惧的力量；为了能舒舒服服地在太阳下取暖，他们从第三者身上窃取他的声望，对他们想暂时轻率和偷懒一下的目的是有利的。事实是，他们已坠入陷阱而不自知。

在他们的邻居里，他们一会儿支配空想的人，一会儿支配老练的人，一会儿支配沉思的人，一会儿又支配喜欢夸张的人，就好像他们在支配自己一样。不过，一转眼他们就不再需要那些人了！而当他们的环境和外界不断地消失时，似乎所有的东西便都挤进这个环境里来，并且想要成为里面的一个特色，在这方面来说，他们很像大都市。

他们的声望不断地在变，就像他们的性格一样，他们的变动方式需要这种变动。他们在实际行为上或在假扮贵人的舞台上，时而展露这个、时而炫耀那个，而我们在前面说过，他们的那些伙伴和朋友，就等于是这场戏里面的道具管理员。

另一方面，他们所指望的，必定还保留许多在远处更加坚定与辉煌的东西，而这个有时候也需要喜剧和舞台表演。

31 商业与高尚

就像读书和写作的艺术一样，买卖，现在来说，也是件很平常的事，每个人都在接受它的训练，即使他不是一个生意人，每天也在练习这种艺术。如同从前人类还没有开化的时期，每个人都是猎人，而且每天都在练习打猎的艺术，打猎成了一件普通的事情。不过，当它最后演变成为权贵们的一项特权时，它就失去了它的平易与普遍的特色。

所以或许将来有一天，买卖也会落到同样的命运，我们可以想象到日后社会上不会有买卖的行为，而这种艺术在社会上也将完全失去它的需要。如此一来，可能会有一种现象发生，即不受一般法律支配的人，会把买卖当作一种高尚的情趣而耽迷其中。

届时，便只有商业取得崇高的地位，贵族们如同一向在战场或政坛上所表现的那样敏捷地争夺商业；另一方面，政治的价值也许就完全改变，甚至它将不再是属于有地位的人的事业。可能有朝一日，大家会发觉我们所造成的一切竟是如此粗俗，就像所有标题为"知识的堕落"的政党文艺和日常文艺一样。

32 不受欢迎的门徒

"对这两个青年该怎么办？"我沮丧地唤来一位哲学家，他常"败坏"青年，犹如当年苏格拉底曾经"败坏"他们一样，"对我来说，他们是不受欢迎的门徒。"

对任何事情，他们之中的一个不会说"否"，而另一个只会说"差不多"。倘若他们紧握我的教条不放，那么前者将遭受极大痛苦，依我的思想方式，需要有一个勇敢好战的灵魂，引发痛苦的意愿、对否定的热衷和一副坚硬的皮肤，他会屈服于公开的打击和不断的伤害之下。另外一个，则会选择扮演任何平凡的角色，大体上他是一个平庸的人，我倒希望我的敌人有这样的门徒。

33 讲堂之外

"为了证明人毕竟是善良的动物，我要提醒你，他一直是多么老实。那是在最近的现在，经过一段极长时间的自我征服之后，他才变成一个狡猾的动物，是的！人比以前邪恶多了。"

我实在不明白这点，为什么人现在会较狡猾和较邪恶？

"因为他现在有了学问，而且他需要它！"

34 历史学家的藏匿

每个伟大人物，都有一种使事物回还的力量，因为他，整个历史再度被置于天平上，而成千上万过去的隐情和秘密，都从它们藏匿的地方匍匐爬出，投到他的光辉之下。绝对没有人知道将来的历史记载会是什么样子，就其本质而言，过去也许仍未被发现！我们还需要许多对一切重新诠释的能力！

35 异端与巫术

我们不妨从另一个角度来想一想。

有许多智能不错的活动具有顽强与邪恶的倾向，激烈的、孤立的、倔强的、对爱有害的和有恶意的倾向。异端，是巫术的一体两面，当然也有害处，而且本身也没有什么高尚的价值。异端者和巫师是两种坏人，他们都自觉是邪恶的，而且都有一个不可克服的嗜好，就是喜欢攻击和破坏任何支配性的东西。

宗教改革，可说是中世纪精神在某一时期的重现，而当它不再有良好的善恶观念时，这两种人便如雨后春笋般产生。

36 遗言

我们有时会想起奥古斯都大帝，这个可怕的人，他赋予自己可怕的权力，而又能像苏格拉底一样沉默。但他的遗言，却变得有点轻率，他首次将他的面具拿下来，当他使大家知道他一直戴着面具，并在导演一出喜剧，他扮演的国家之父和王位上的智者均很成功，甚至造成一种很适当的幻觉！

朋友们，请欢欣地鼓掌吧，戏，演完了！

尼禄皇帝临终时的想法和奥古斯都大帝临终时的想法一样：多

么伟大的艺术家呀！那也正是苏格拉底临死时的写照！不过，提比留斯，那个所有受自我折磨的人里面最受折磨的人，倒是死得很安静，他才是"真正"的而非戏台上的演员！

不知道他在临死的时候想些什么？也许是："生命是一个漫长的死亡，而我是一个傻子，虚度了大半年华；我是否是为了施惠众生，才来到这个世间？我应该赐给他们永恒的生命，这样我就能看着他们永远濒于死亡。我将很清楚地看到：多么伟大的观众呀！"当他经过一番漫长的死亡挣扎之后，似乎又再度恢复他的权力时，最好是用枕头扼死他，他可以死两次。

37 三种错误的观念

科学在近几个世纪以来有很大的进步：

一部分是因为人们希望上帝的至善与智慧能让人明了当下的一切，这是伟大的英国人，如牛顿的主要动机。

一部分则是因为人们相信知识的绝对效用，尤其是道德、知识和快乐三者之间最密切的关联，这是伟大的法国人，如伏尔泰的主要动机。

还有另一部分认为在科学里面可以找到一些无私的、无害的、自足的、可爱的和真正纯洁无邪的东西，而在这些东西里面完全没有掺杂丝毫人性邪恶的冲动，这是觉得自己犹如"知"的本身一样神圣庄严的斯宾诺莎的主要动机。

科学之所以如此进步，就是由于这三种错误的观念所致。

38 力量爆发的人

当我在想，这些年轻人如何随时准备发出他们的力量时，看见他们如此断然地下决定,而很少选择动机,我并不感到奇怪。吸引他们的是目睹对动机的渴望景象,犹如目睹燃烧中的火柴,而非动机本身。

灵巧的诱惑者,是以对这种人提出激发的展望来操纵他们,而不以理性策励他们的动机,这些火药桶并不是用理性即能劝诱其加入自己这一方的。

39 改造审美眼光

改变普通的审美眼光比改变观念来得重要,经过证明、反驳,只不过是审美眼光改变的征候,而非审美眼光改变的起因。

普通的审美眼光究竟是如何改变的呢?拿个人来说,那些很有权势的人对荒唐可笑的霸道与所作所为丝毫不会感到任何羞耻或愧疚。他们往往将束缚加在其他人身上,使那些人逐渐养成习惯,最后形成一种不可或缺的必需品。

事实上,由于这些人的生活模式和环境不一样,发展的趋向不一样,甚至在他们的脑子或血液里,有机盐含量也不一样,其感受和"审美力"也就大不相同。不管怎么说,这些人毕竟有勇气承认自己的体质和别人不一样,且会设法倾听自己所需要的优美曲调,他们的美学和道德判断,即是他们的肉体所渴求的"最优美的曲调"。

40 缺乏高贵风貌

士兵与长官之间有一套比工人与其雇主之间更高等的行为模式。

至少,在目前已经建立起来的军事文明居于所有工业文明之上,而后者依其目前的形式来说,可算是前所未有而最拙劣的存在模式,它纯粹是由必然的律则在操纵。人们要生活就得出卖自己。但是他们也蔑视那个剥削他们的需要并且收买劳工的人,奇怪的是,服从有权势的、令人害怕的甚至令人讨厌的个人、专制君主和军队的领导者，并不像服从如此平凡无味的人，如工业界的首领上司那样痛苦。

在雇主身上，工人通常看到他只是一个狡猾诡诈、专吸人血的狗，受害人只想到他的各种需要，他的名字、外表、性格和声望，对雇主而言，完全不重要。可能是工厂主人和商业巨子一直太缺乏雍容的形象与超群拔类的特质，假如在他们的容貌举止和风度上显出一种自然高贵的高尚气质，也许在群众里面就不会有社会主义了，这些人实际上早已准备好做各种奴隶，只要在他们之上的高级阶层，不断地用高贵的风貌向他们显示正当合法的优越感和天生的支配感。

最平庸的人，会认为那种高贵感是不可能临时装出来的，而是他的各方面气质才造成那种源自他的血统的荣耀。但是，优越风貌的缺乏，和手掌肥润的工厂主人的粗俗声名，却使他产生另一种想法，认为只是机会和运气的缘故，才使那个人高居在别人之上。

因此，他对自己说："要把机会和运气弄到我们手上来！该由我们掷骰子了！"

于是，社会主义登场了。

41 无悔

思想者从观察自身的行为、意向和疑问中，获取事情的讯息，他最先得到成败的答案。不过，他对一些失败的事十分烦恼、懊悔，他将懊悔留给做事的人，并希望他们那仁慈、和蔼的主人不满此事时，就鞭笞他们。

42　工作与无聊

说到为了赚钱而找工作，在目前的文明国家中，几乎所有的人都相似。

对大部分人来说，工作本身只不过是一个手段而非目的，他们对工作不怎么做选择，只要能付给丰厚的酬劳就行。但是仍有极少数的人，他们宁死也不做没有兴趣的工作，挑剔的人不容易满足，他的目的不是丰厚的酬劳，除非工作本身便是极大的酬劳。

艺术家和各种爱沉思的人都属于这一类型，他们也是懒散者，将其一生都花费在打猎、旅行、探险或一切与爱相关的事情上。他们都不断寻欢作乐和制造麻烦，假如需要的话，他们还要做最激烈、最艰难的工作。

不过，从另一方面来说，他们也有一种果敢的怠惰精神，即使因此而穷困、失去名誉甚至对身体和生命有危险，也不在乎。他们并不害怕无聊的、毫无乐趣的工作，事实上，只要工作能令他们成功，他们会要求更多的无聊的工作。

对思想者和有创作天赋的人来说，虽然无聊是心灵上一种不愉快的"平静"，却是通往快乐之途的前导，他必须忍受，必须等待它带来的影响。这是缺乏性情的人无法体验到的！当然，时常将无聊吓跑是十分平常的事，就像做没有乐趣可言的工作，在他们也是司空见惯了一样。

也许从这里我们可以看出亚洲人是在欧洲人之上的，亚洲人沉潜稳重，他们的麻醉剂作用缓慢而需要相当的耐心，和作用突然而令人不愉快的欧洲烈酒大不相同。

43　法律背叛什么

当人们在分析人民的刑罚条律时，常常会犯一个很大的错误，仿佛他们就是法律的表现。法律绝不会背叛人民，除非是陌生、怪异、荒唐与外来的。法律只关心习俗道德以外的事情，而对顺应邻近人民风俗习惯的行为则要受最严厉的处罚。在清教派的回教徒中只有两种死罪：将别的神置于本教的神之上和抽烟，教徒视其为一种"可耻的饮食行为"。

一位熟知此事的英国人惊讶地问一位老族长道："杀人、通奸怎么办呢？"

回答是："噢，上帝仁善慈悲！"

古代罗马人有个观念，认为女人只有在两种情况下，才能处死：与人通奸、饮酒。

大加图[2]常借口养成和亲密的人接吻的习惯，其实是为了控制女人，接吻就是闻她身上有没有酒味？若妻子饮酒当场被抓就立即处死，这当然不只因为女人醉酒，有时是因为她忘了说"不"的技巧。

罗马人最怕饮酒狂歌的事和酒神节的烈酒，这种烈酒使南欧女人时常被留住，而这怪异可怕的舶来品破坏了罗马人的主要情趣，这对他们来说，将舶来品表现在肉体上，似乎是一种对罗马不忠的行为。

44　信念的动机

不管了解人类真正据以行动的动机有多么重要，也许对各种动机的信念，才是思想家想知道的更根本的东西。人们内心的哀乐喜怒总是要先经过对各种动机的信念才会传到他们身上。总之，不管怎样，不是经过真正实际上的动机，而后者是中等阶层者的兴趣所在。

45　伊壁鸠鲁

我以了解的伊壁鸠鲁[3]的特性也许和别人不同为傲，也很高兴有一个愉快的下午，能听到和读到有关这位古人的一切。

我看见他凝望着一片白茫茫的大海，越过阳光照耀的岩石，天地间所有伟大与渺小的生物都在阳光下活动，一切都是那么沉稳和宁静，就像这片阳光及他的双眼。这种快乐只有罹患痼疾的人才能发明出来，在一只快乐的眼里，"存在之海"已变得那么静谧，它不再倦于注视那海的表面：这个斑驳、柔嫩与颤抖着的海的肌肤。

以前从没有人如此这般地去冲淡欲念。

46　神话比科学更让人惊讶

有一个基本上令人满意的现象，那就是科学总是要探究确定掌握动机的事物，并将此根据再提供给新的探究，当然那就会另有一番情况了。

事实上，我们一直太过相信我们的一切不明确与任性善变的判断，和一切永远在变的人认为以道德、教养为规范的享乐，为人生至善之境。人类的法律与概念，令我们惊讶，科学对掌握他们的动机这件事始终锲而不舍。在早期，人们对一切事物的可变性毫无所知，因袭于道德观念的社会习俗一直相信：人类的内在生命被无情的需要并以永恒的镣铐束缚着。

当人们听到这种神话般的叙述，也许会对类似的欲念感到惊讶，对这些人来说，一切都是那么的美好，以致有时会厌倦于正常和不变。暂将动机抛置一旁吧！向上飞舞，四处流浪，这是早期的乐园和狂欢。我们引以自喜的是，就像遭遇海难的人浮泅上岸，将双足置于坚固的土地上，对它不是岩礁而惊讶不已。

47　热情的压抑

当一个人不断地展现其热情时，就好像是要将某些东西留给那些"下层平民"、卑贱的、鄙俗的和无知的人。也就是说，当一个人不想隐藏自己的热情时，虽然只有言语和举止可表现，但是他知道什么是不需要的，压抑自己的热情，至少减低或改变自己的热情。就像法王路易十四的宫廷，一切都靠这老练的热情。

跟着而来的一代，则是在压抑中接受训练，他们不再有热情，在他们身上，只有一种肤浅的快乐、爱玩的气质。他们被熏染成不适于表现的粗野的举止，也不要让人伤害或报复别人，除了用谦恭有礼的言语。

也许我们的时代已经供给这一时期最佳的翻版：我看到卑俗的人用各种姿势表达他爆发的热情，在生活上、在戏院里，还有其他没有提到的地方，到处都洋溢着完全的满足。而现在人们又要求对热情有某种传承，而不只是热情本身！虽然这个愿望最终会达到，但是，我们的后代子孙，将会成为"真正的野蛮"，而不仅是形式上的野蛮和粗鲁。

48　苦恼的知识

也许没有任何东西会像不同程度的知识的苦恼一样，使人与时代如此疏离。心灵苦恼和身体苦恼完全一样，关于后者，拿我们这些现代人之中所有浮躁的人、不切实际的人、恐怖时代的人相比，显然缺乏足够的自我体验。

卷一

　　那时候，一个人经过一段长期的肉体困乏与折磨的教育之后，会发觉他是在面对某种残酷无情的处境时，自愿为痛苦役使，并成就一种维护生存的手段。

　　那时候，一个人十分愿意承担痛苦，当他看到这类最可怕的事发生在别人身上时，他除了顾虑自己的安全之外，不会有其他任何感受。

　　再说心灵苦恼，依我此刻对每个人的观察，不管他是以自己的经验，还是从别人的叙述中得知，也不管他是否认为模仿这种知识仍然必要，也许这是一个产生更加高尚文化的征候，在他内心深处，并不相信这些心灵上的伟大悲伤，但是当谈到他们自己的时候，都会想起类似的经验，就像提起他们在肉体上的痛苦，诸如牙痛、胃痛一样。

　　由于对这两种痛苦普遍缺乏经验，加上很少有人目睹过受苦者的惨痛景象，我们可以得到一个重要结论：现在的人比早期的人更加憎恨痛苦，对它的毁伤也前所未有。事实上，现在的人几乎连痛苦的想象都已无法忍受，认为它是意识中的事，难有感同身受的情感。

　　悲观哲学的出现，并不完全是一种伟大或可怕的痛苦现象，这些高尚与安逸的生存状况，已经将心灵或身体上不可避免的，蚊虫叮咬般的小刺痛看得太过残忍，当成了邪恶的生活价值的表现；缺乏实际的痛苦经验，想要构造一种"痛苦的普遍理念"，以显出正遭受最大的痛苦。

　　事实上，这也许是对悲观哲学的一种矫正，过度的感知对我而言，似乎成了真正迫在眉睫的苦恼。这种矫正听起来有点太残酷，不过在一些征候中，它本身还会受到评估；而基于这些征候，人们现在已断定："存在即邪恶。"

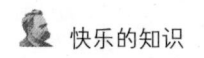

这个苦恼的治疗药方，我看还是"苦恼"。

49　雅量与相关的性质

那些似是而非的现象！诸如一个性情很好的人突然变得冷漠，一个忧郁的人突然变得幽默，尤其是雅量上，例如一个人突然放弃报复，对嫉妒感到喜悦，都出现在十分冲动的人身上，也出现在迅速走红的人和名声过气的人身上。他们的满足如此迅速与激烈，以致饱满、嫌恶以及很快就变成与原意相反的尝试，立刻反映在他们身上。相形之下，震撼解放了自身，在这个人是突然冷漠，那个人是笑语声声，第三个人则是以泪洗面、自我牺牲。

宽宏大量的人，是一种报复欲很强的人，满足表现出它原本就在我们手中，而我们早已"宽宏大量"地将它一口气彻底喝光，一滴不剩。随着这种迅速的放荡，那极端而迅速的厌恶，就如有个人说的：他此刻在提升自己以"超越自己"，并忘掉他的敌人。是的，我们敬佩他、祝福他。

对自己的这种激烈行为，对报复冲动的嘲弄，以致他只听从新的冲动。厌恶变得强烈，并且是焦急与放荡地变化，一如不久之前他所预先安排的，也仿佛它会耗尽似的，在报复的喜悦中还带着他的幻想。

在宽宏大量的性格中会有等量的自我本位心理存在以为报复，不过是一种不同性质的自我本位。

50　孤立的辩论

良知上的责难，甚至是最有良知的人，也很难敌得过"这个或那个为你的良好社会道德所反对"的感受。

受过教育以及在教育别人的人，只有那最强的人，他的一个冷眼或扭曲的嘴，才会令人害怕。人们到底是在害怕什么呢？孤立。就像为了某个人或某个动机，就以辩论来推翻甚至是最佳的论证！这是群居的本能告诉我们的。

51　真实感
请让我向所有的怀疑致敬，并允许我说：让我们把它拿去检验一下！

不过，我不希望听到更多被检验的事情或问题得不到承认，这就是我的"真实感"的极限，因为勇敢在这里失去了它的权利。

52　别人对我们知道多少
在我们的记忆中，依照我们对自己的了解，我们的生活，不像一般人所相信的那样快乐。有一天，在我们心中会兴起一个念头，想知道别人对我们到底了解多少，我们不得不承认那些看法更有力。

一个人要无愧于心较为容易，若要改变恶劣的名声则难。

53　善之源起
在拙劣的视力再也看不到邪恶刺激的地方，人们建立起一个善的王国。此刻，投入王国的拥有感，也促成仍受邪恶威胁与欺凌的刺激，如安全感、舒适感和慈悲心等，都化为行动。眼睛愈迟钝，善的延伸愈广，为一般民众与孩子们带来的欢乐就愈多！却为伟大的思想者带来忧伤和苦恼，他们有愧于心。

54　表象的意识
当我发觉自身以及自身的知识正处于和人们共同的存在相关的立

场时，着实感到惊奇与异常，感到可怕与讽刺！我发现自己仍然对旧有的人性与兽性、人类的原始时代和有情世界的过去继续沉思、爱、恨、推论。突然，我从这迷梦中惊醒，但也只是意识到在做梦，并且还必须继续做下去，以免梦想破灭，就像梦游者必须一直梦下去以免摔跤。

现在"出现"在我面前的是什么呢？其实那不是任何实体的反对者，不管是什么实体，除了认定表象，我又能提出什么知识来！我们不能将一个面罩扣死在某人头颅上，它必须能解开！表象就运行在生活着的事物本身之上，它以对自身的嘲弄运行至今，使人觉得那是一个表象、鬼火或飞舞的幽灵。

在所有这些迷梦的人里，包括我、一个思想者在自我陶醉，耽于狂舞，思想者只是一个为了要延续这个现世之舞的工具，也是世间万物的一位司仪。再者，各支派知识间的那种卓越的沟通协调，应该用来保持迷梦的多面与普遍，以及使那些沉湎于迷梦的人获得共同了解的最佳手段。

55　什么使人变得高贵

是什么使一个人变得高贵？当然不是他能牺牲，即使是狂热的宗教思想家的牺牲也不行。也不是他能放任热情，当然更不是他无私地为别人做了些什么事情。也许影响最高贵之人的，正是伟大的自私。

我们可以说，那种紧紧抓住高贵之人的执着是一种奇习怪癖，他不知道，它是一种少数或某个人才能使用的测量杆（几乎是一种狂热）；一种大家感觉是冷的而他却感觉是热的感受；一种尚无任何天平能衡量的庄严价值；一种放置在祭坛上要奉献给上帝的祭品；一种不求荣耀的英勇；一种过多的自足，他要传给所有的人与物。这种热情只在少数人身上，就是这不为人知的"少数"才使一个人高贵。

在这里，让我们考虑一些普通的、必要的、最能维护人类生存的且往往是人类规范的事物，这些事物已被这种标准判为不合理的，与事实不符的。

要成为一个规范的倡导者，规范也许是最高的形式与精华，而其中高贵的特质最终会把自己显露出来。

56　受苦的欲望

当我想到使人做事的欲望，它如何能不断地刺激千千万万年轻的欧洲人，使他们感到兴奋和高兴，我认为在他们身上必定也有一种容忍痛苦的欲望，以便从痛苦中获得有价值的行事动机。所以压抑是需要的！因此产生了政治家的呼喊，所有各种可能的虚伪、捏造，过于夸大的"压抑"和欣然相信他们（政治家）的盲目。

这个年轻的世界希望从外界得到的，只是不幸而非快乐，他们早已准备好借助外界想象一个怪物，与之拼斗。如果这些寻求压抑的人感觉到一种对自己有益的力量，以发自内在的意念为自己做事，他们也就会知道如何为自己制造一个压抑，尤其是发自他们内心深处的压抑。

此刻，当他们以自己的呼喊和压抑去充实这个世界的时候，他们的创造才能更为精巧，他们满足的笑声听起来也仿佛是优美的音乐。他们实在不明白究竟是什么造成他们这个样子，他们将不幸涂在别人的墙上。他们总是需要别人！还有别人的别人！

原谅我，朋友，我姑且冒险试试，把我的快乐涂到别人的墙上。

快乐的知识

注释

1 三一律，亦称"三整一律"。戏剧术语。欧洲古典主义戏剧的剧本创作规则。规定剧本情节、地点、时间三者必须完整一致，即每剧限于单一的故事情节，事件发生在一个地点并于一天内完成。古希腊哲学家亚里士多德在《诗学》中曾论及希腊悲剧情节的"整一性"和演出时间对戏剧创作的限制。

2 大加图（前234～前149）古罗马政治家，作家。历任执政官、监察官等职。

3 伊壁鸠鲁（前341～前270）古希腊哲学家，出生于萨莫斯岛。公元前323年前往雅典。前310年起在小亚细亚讲授哲学。前307年重返雅典，在一座花园里建立学校。倡导"幸福论"的伦理学，认为"快乐是幸福生活的起点和终点"，尤其强调精神快乐远比感官快乐更重要。

卷二

57 致实在论者

你们这些清醒的人,有谁觉得自己能全力反抗热情与幻想,并且很高兴能从一无所有之中创造骄傲和荣耀。你自称为实在论者,深知呈现在你眼前的世界是实实在在的,只有在你面前,现实才能揭露它的真相,而你自身也许是其中最佳的一部分。

噢,你亲爱的赛斯之形象!和那鱼儿相比较,你也是隐藏在依旧极端热情与忧郁的面纱里,十分像一个使人倾心的艺术家[1]。

对一个令人倾心的艺术家而言,什么是"真实"呢?对源于较早世纪的热情和迷恋的一切,你依然有相应的评价,仍然有一个秘密和无法消除的醉态,在你的冷静节制中具体呈现出来!你对"真实"的热爱,例如,那是一种古老而原始的"爱"!在任何一种感受中,在无数印象中,都会带有一些这种古老的爱,同样的还有一些幻想、偏见、无理、无知、害怕和其他都交织在其中。

那座山!那片云!它们的"真实"又是什么呢?是的,如果你能,就把幻影移走!找出构成人性的整个要素吧,你这清醒的人!如果你能忘掉你的出身、你的过去和你所受的教育,你的整个亦人亦兽的历史!

对我们来说,并没有所谓的"真实",对你这个清醒的人来说,也没有,我们之间的差异比你所想象的要大。也许我们要超越酩酊的崇高意志,正和你相信你们都不会醉的信念是同样可敬的。

58　只能做个创造者

对事物，我们有一种不可言喻的理解，我非常苦恼，就是我们多以自己心目中所认为的样子，而不以它本来的面目去理解。声望、名号、外表、威信以及对于事物的一般衡量尺度，这种种东西开始时，往往是一个错误，它们将事物的本来弃之如敝屣，并且把本质甚至表象看成有差异的，逐渐地以其所含的信念代代相传，在人们的心目中生根滋长，并恣意出入事物之中，仿佛它就是事物的本身似的，初端的表象到最后几乎时常会变成本质，或者操纵事物一切本质。

以为参照这个初端或者幻象的朦胧面纱，足以废除这个世界的过去事实的人，是多么的傻啊！事实上我们所能废除的，也只有像创造者那样的人！但是我们不要忘了：只要能创造新的名称、价值和可能，就足以顺利地创造出新的"事物"来。

59　我们艺术家

当我们深爱一个女人的时候，一想起所有令人讨厌的自然机能，便不由得对自然怀有一种恨意。我们宁可完全不去想它，不过，一旦我们的灵魂接触到这些东西，会立刻引起痉挛。或者如我们常说的，给自然一个轻蔑的冷眼，因为它伤了我们。

自然似乎在用它那亵慢的手侵害着我们的一切，我们根本不听什么生理机能的论调，而且我们也秘密地宣称："我们不相信，人是灵魂与躯壳以外的其他东西。""包着一层表皮的人"是一种可憎的怪物，对所有的恋人而言，是一种对上帝与情爱的冒渎。正如情人依旧对自然与自然的机能感到敬服，而从前参加礼拜者，对上帝与他"神圣的全能"的感受也是一样。

在天文学家、地质学家、生理学家和医师们所提到的有关自然的一切中，他看到一种侵害蔓延到他最珍贵的一切，最后形成一种攻击，甚至也是攻击者的一种鲁莽无礼。在他听来，"自然律"就好像是对上帝的冒渎，事实上，他十分希望看到整个力学能追溯到意志与专横的道德行为上去，但是，因为没有人给他提供这项服务，于是他尽可能将自然和机械论隐藏起来，而生活在他的梦中。

那些早时候的人都知道如何去"寻梦"，而且不必先睡觉！而我们这些现在的人也非常精于此道，不过，其中却充满了期待天明与清醒的坚强意志！只要去爱、去恨、去祈求，多方感受，这个梦的精神和力量，便立刻布满我们身上。

于是，我们向上提升，张着双眼，不在意危险，也不眼花浮动，就像是一群为了攀登而出生的人，我们是白日的梦游者！是艺术家，是藏匿者！是封闭月亮和上帝的人！我们是站在高山上沉默无言，不屈不挠的流浪者。

60　女人与对远处的影响

我是否仍有耳朵？

除了耳朵我难道就别无所有了吗？

在这里我正立于一片激流巨浪之中，白色的浪花在脚底飞溅，凶恶的狂号和凄厉的怒吼，从四面八方向我袭来。在海底最深处，有个古老的地球摇动者正引吭高歌，声音空虚，有如一只咆哮的牛，他一直以歌声的拍子击打，甚至这些风化的奇岩怪石也被吓得颤抖不已。

突然，在这令人毛骨悚然的迷宫入口的地方，有一艘仿佛凭空出现的巨大帆船像幽灵似的在静静滑行。噢，这个缥缈虚无的美人！他到底是用什么魔法迷住了我！是否全世界所有的安息与宁静都在此搭乘？我的快乐本身，以及更快乐的我，也是我的第二不朽的自己，是否都安坐在此宁静之乡？虽仍未死，也已不活？就像鬼魅般静悄悄、双眼凝视、步履飘忽，是个木然无情的东西？如同那艘船一样，张着白帆，像一只巨大的蝴蝶飞越这黑暗之海！

是的，越过存在，就是这样，一定是这样！似乎是这里的噪声使我成为一个有幻觉的人？一切巨大的噪声，能引人将快乐置于宁静的远方，当一个人身处一片喧嚣声中，在他的构想与计划的波浪中，也许能看到宁静而迷人的东西从他身旁掠过，还有他所渴望的快乐和悠闲，她们是女人。在那里，他以为最佳的自己和这些女人住在一起。在这宁静的地方，即使是最大的浪声也会变得像死寂一般，而人生原本就是一场春梦。

不过！我高贵的狂热者，即使在最美丽的帆船上，也会有如此多的噪声和杂乱，呀，我的天，还有如此多的同情、可怜的杂乱！女人最大的影响和魅力，用哲学家的话来说，是一种不让接近的影响。

因此，首要的一点是：保持距离！

61　向友情致敬

友情被古人视为是一种最高的情操，甚至比最夸张的自足与明智的自尊心还要高，当然，假如仅仅只是一个人的友情，也依旧是较神圣的博爱之情。

这可以从麦西多尼王的故事中得到很好的说明。那位国王送了一些钱币给一位犬儒学派的哲学家作为礼物，结果被退了回来，"怎么，难道他没有朋友吗？"国王问道，随即又说，"我很敬重一个明智、独立的人的自尊心，不过，我会更加敬重他的博爱精神，假如在

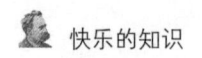

他的心中朋友的分量胜过他的自尊心的话。在我的心目中已经降低了对那位哲学家的敬意，因为他的表现正显出他并不知道人类两个最高情操之中的一个，事实上，也是两者之中更高的。"

62 爱情

爱甚至可以宽恕被爱者的过分情欲。

63 音乐中的女人

温暖而带雨的风，如何将音乐的气氛和创作的喜悦，送给沉迷于旋律的她们？

它不是和充满教堂、使女人产生恋艳念头的风一样吗？

64 怀疑论者

我怕女人年纪愈大，在其内心深处，就愈比任何男人更具怀疑论的倾向。她们相信存在一如其本质一样，只是一种肤浅的表面形式，而一切的美德和奥妙，对她们来说只不过是这个"真理"的伪装，是一种除了谦恭和高雅之外别无其他的东西！

65 奉献

有些高贵的女人缺乏某种精神，她们为了表现其衷心的奉献，除了献出她们的贞洁和谦恭之外，并不做其他选择，似乎贞洁和谦恭是她们所能拥有的最佳的东西。

如果她们不把这奉献视为是对接受者的一种莫大恩惠，后者常常是会接受的。一个十分忧悒的话题！

66　弱者的力量

女人都会很技巧地夸张她们的弱点，事实上，她们的弱点也的确独具心裁，令人相信似乎她们是相当脆弱的装饰品，即使是一粒灰尘也会对她们造成伤害，而她们的存在，就是要让男人明白他们的粗暴，并请他们诉诸良知。她们就是这样保护自己，以抗拒强者与其一切"可能的权利"。

67　自我掩饰

她很爱他，并且就像母牛一样，向来对他信心十足。

他则乐于看到她似乎是如此的喜怒无常与非常不可理解，而他本身的性情却是很稳定！她岂不愿摆出昔日的个性假装漠不关心？难道不是爱情使她如此吗？懵懂万岁！

68　意志与顺从

有人领着一个年轻人来到智者面前，说道："看，这个人被女人败坏了！"智者摇头笑笑，大声回答："是男人败坏了女人，女人欠缺的任何东西，都应该由男人来补偿与改善，男人照着他的理想制造出女人的模型，而女人才依此模型塑造成她们自己。"

"你对女人太温柔了"，一个旁观者说，"你对她们并不了解"。

智者回答："男人的特性是意志，女人的特性是顺从，这是两性之间的铁定法则！也是一个对女人较为冷酷的法则！人类的存在都是无辜的，尤其女人更加无辜，而又有谁能给她们慰藉和体贴！"

"什么慰藉！什么体贴！"人群中另一个人喊道，"我们必须将女人教得更好一点！"

"我们必须将男人教得更好一点！"智者说着向那个年轻人打手

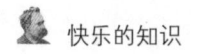

势，示意跟随他走。不过，年轻人并没有跟从。

69　报复的能力

在我们看来，若是一个人不能也不愿自卫，就不会招来耻辱。不过，我们会轻视那既无能力也无决心报复的人，不论他是男人或女人。

一个女人能迷惑我们吗？我们不相信，她知道该如何使用短剑对付我们；或者对付她自己，这在某种情形下，是最为严厉的报复。

70　男人的女主子

有一种我们时常在剧院里听到的女低音，其强而有力的声音常在我们认为不可能的情况下为我们拉开剧幕，这时我们会相信世界上也许有种女人具有崇高、雄伟与坚贞的灵魂，有能力并准备做一番了不起的忠告、决心和自我牺牲，有能力并准备去支配男人，一如最佳的男人，她们超越了性别的拘束，而成为一种有形肉体的典型。

这当然不是剧院有意要用这种声音使我们对女人产生如此概念，她们通常希望扮演典型男性恋人的角色，例如罗密欧。不过，依我的经验判断，剧院当局会在这里失算，音乐家也一样，他希望这种声音能够造成如此的效果。但是人们并不相信这些恋人，而这种声音仍旧带有作为一个母亲或妻子的味道，尤其是当她们唱到充满爱意的调子时。

71　论女性的贞节

在较高等的女人所受的教育中，有一些令人十分惊讶与不寻常的事，实际上也许再也没有像这些事那么矛盾的。全世界都同意教导她们在性爱方面保持无知，并教导她们对这一类的事情感到发自内心的羞耻，对这一类的意见持极端不耐与恐惧的态度。

于是，也只有拿女人的一切"荣誉"来做赌注，而在别的方面，谁会原谅她们什么！但是人们却又希望她们在这关键的地方保持无知，希望她们的耳朵、眼睛、言语和思想，对其"邪恶"均无作用，事实上，知识在这里已经成为一种邪恶。

接着，婚姻问题有如一个晴天霹雳，被她们所爱慕与尊敬的爱人投入现实和知识之中，可想而知，她们一定会在爱欲和羞耻的矛盾中挣扎，因而必然会感到欣喜若狂或自暴自弃，责任或邻悯，以及陷入未曾预期的天人交战之中或其他种种事件之中，事实上，这种心灵上的纠缠会产生一种非常好的效果！

即使是最具慧眼的男人，他那同情的好奇心也无法看穿究竟这些女人是如何与这难以理解的事物纠缠在一起的。还有，必须为那可怜的、已经六神无主的人解开其内心可怕而无法捉摸的猜疑。其实这些女人已将其最高哲学和怀疑论的重心放置在这个观点上，之后是一片和在此之前一样的深沉的静默，而且时常甚至是对她自己的静默：闭上她的双眼。

为此，年轻的妻子们总是尽最大的努力表现出一副肤浅和轻率的样子，其中最聪明的更是假装成一种非常无辜的样子。做妻子的很容易使丈夫对她的名节起疑心，并对他们的孩子感到歉疚而思补偿，他们都需要孩子，而她们是以另外一种不同于丈夫希望有孩子的心情去祈求有孩子。总而言之，不能对女人太体贴！

72 母亲

野兽和人对雌性的想法不一样，野兽认为，雌性是一种专司生产的同类。它们没有父爱，但对所爱的幼儿有一种近似父爱的情感和习性。在幼儿身上，母兽可满足它们的支配欲，对它们来说，幼儿是一项财产、一个占有物、是一种涵义极广的东西，它们可以对其喋喋不休，所有这些就是它们的母爱。人们常拿艺术家对自己的作品的挚爱来和这种感情做对比。

雌性在怀孕的时候会变得较为温柔一点，孕期愈久就愈胆怯，也愈顺从。同样的，知识分子的"孕育"会产生一种沉思的性格，就此性格而言，和女人相近，他们是有男子气概的男性的母亲。而在野兽中，雄性被视为是娇美的性体。

73 圣者的残酷

有个人抱着一个刚出生的婴孩来到圣者面前。

"对这婴孩我该怎么办？"他问道，"他真不幸，是个不成形的畸形儿，却又不足以致死。"

"弄死他！"圣者用严厉的声音喊着，"弄死他，然后抱在你怀里三天三夜以使此事铭刻在心，这样你就不会再度在孩子不该出生的时候将他产下。"

这个人听了之后很失望地走了。大家都责备圣者教人残酷，因为他劝人残害婴孩。

"让他活着不是更为残酷吗？"圣者问。

74 失败者

那些浮躁不定的可怜女人老是不能如意，而且在她们的爱人面前也表现得太多话。

而男人则大多都能很成功地以稳重的细心和冷静的温柔，赢得女人的芳心。

75　第三性

"两个小男人是一个充满矛盾的人，但仍旧是一个男人。不过，一个小女人和发育正常的女人相比，在我看来，似乎就成了另一种性别。"一位古代的舞师说。

"一个小女人永远不会美丽。"亚里士多德说过。

76　最大的危险

要不是一直有许多人将心灵的涵养，将他们的"理性"，视为他们的自尊、责任和美德，而当他们的思想流于空幻或放肆时，会感到羞耻与有所伤害的话，人类早就毁灭了！初期的疯狂行为确曾泛滥过，而且还继续笼罩着人类并形成一个极大的危险：它是一种突发的感觉、视觉和听觉上的倾向，也是一种心灵上获得解放的愉快和无理性的放纵。那是不确实的，若说和疯狂世界形成对比的，只是由于一个信念的普遍与大家都有义务遵行，简言之，就是在形成观念的过程中并无丝毫的自由意志。

迄今为止，人类有一项最大的成就，便是将大家彼此都同意的一些事情自行强迫，制定成一种契约律令，而不管这些事物的真伪如何。就是这种心灵上的戒律使人类绵延，不过由于刺激欲念的冲突依旧十分强烈，谁也无法很有信心地谈论人类的未来，但不管怎样，这仍旧是那些与普遍的必须遵行的义务奋斗的人们（尤其是真理审查者）最为接受的。

这种被接受的信念，整个世界的信念，在较为率真的心灵上会不断感到厌恶，而代以新的憧憬，它对一切知性的过程要求慢拍（模仿被视为标准的乌龟）已经把艺术家和诗人们都弄跑了，这种对精神狂热的纯粹喜悦，只有在这些不耐烦的人身上才会产生，因为精神狂热有欢乐的拍子！

因此，高洁的知性是需要的，用最不暧昧的字眼，即高洁的愚笨是需要的，慢拍的人需要沉着的指挥者，以使那些伟大的共同信念的忠实者能互相扶持并舞向他们的未来，这是在此要责成与要求的首要必行之事。我们这些其余的人则都是例外者和危险者，永远需要保护！我们也不妨说些公道话，假如他们永远不想成为别人的标准或法则的话。

77 心安理得的动物

我并非不知道任何能取悦南欧人的东西都粗俗，不管它是意大利的歌剧，还是西班牙的冒险浪漫故事，但是它还不会令我不愉快。当我们漫步于庞贝或在阅读任何一本古书时，常会遇到一些更粗俗的东西，那么，这些东西的理性又是什么呢？是否因为这里缺乏羞耻，还是因为在同样的音乐与浪漫史里面，总会有下层民众趋附任何本身就是高尚、可爱与热情的东西？

"动物像人一样也有它的权利，所以应让它自由地奔跑，而你，我亲爱的跟随者，也一样是这种动物，不管别人如何。"在我看来，那似乎是这种事例的寓意，也是南欧人情的特色。坏的尝试和好的尝试一样有其权利，即使后者因其重大的要素而有某种特权，令人满意的事物就像一种共同的语言，一种令人一看便明了的面具或姿势。

经过挑选的较为独特的尝试，在另一方面总是属于一种探究与试验性质，而对其并无充分了解的东西，它永远不会是、也一直未曾是大众化的！

因此，就让所有这些化装舞会随着这种旋律和节奏，在歌剧的轻佻与喧闹的调子中一直进行下去吧，这是多么古化的人生！如果一个人不能体会到化装舞会的乐趣，那么他对这舞会能懂什么呢？这里是古代精神的沐浴和休养之所，也许这个地方对少数仍活在古老世界中的卓越人士来说，是比下层民众更为需要的。

从另一方面看，下层民众会转向接受北欧的东西，例如德国的音乐，令我有说不出的快慰，那些作品令人有失面子，甚至无法不脸红，艺术家降低了他的眼光和标准。我们为他感到羞耻，十分伤心，我们猜想他是认为必须为了我们而降低他自己的格调。

78 我们应该感谢什么

只有艺术家，尤其是理论艺术家，教导人们以自己所体验到或想要达到的内在喜悦去用眼睛看、用耳朵听，也只有他们会教导我们如何向隐藏在芸芸众生中的英雄致敬。而被平易化与理想化的艺术，在我们自己面前的"置吾于舞台"的艺术，从某个角度观察我们，就像英雄在凝视我们一样。就是如此，我们才得以超越自己身上的一些琐碎事物。

要是没有艺术的话，我们除了"前景"便什么都没有，而且必然会生活在"透视画法"的符咒迷惑之下，它能使最接近与最普通的东西看起来似乎无限巨大，而且就像现实本身一样，或许宗教也有类似的长处，它要我们用放大镜去仔细观察每个充满罪恶的个人自身，并使罪人成为一个"伟大而不朽的罪犯"。艺术把永远不变的透视图，放在人类的四周，并教他从哪个角度、距离去看自己，而有些东西已成过去，有些则依旧保持完整。

79 缺点的魅力

我看见一个诗人,像许多人一样,他运用他的缺点来施展高人一等的魅力,高明的手腕,将一切事物处理得很圆满,造成一种完美形象。事实上,他的优越与声誉,来自他实际的能力,而不仅仅是蕴含的丰富力量。他的作品从不表达他真正想要表达的和所希望见到的,他像是一直在快乐地期待一个远景而又非远景的本身,但是,一种非凡的气质在他的灵魂深处始终渴望着这个远景,而且由此也同时引起他对非凡辩才的渴望。

这样他就提升了那些听他言论甚于读他作品的人的层次,他给他们翅翼,飞得比一些以前旁听的人所飞的还要高。如此一来,他们自己也成了诗人和幻想家。于是,他们对使其获得快乐的人表示由衷的钦佩与赞美,就好像他能立刻带领他们到达最神圣及最崇高的真理远景,也好像他达到了目标,并且真正看到他的远景且与之沟通。

这就是他尚未真正达到他的目标时所要获致的声誉。

80 艺术与自然

希腊人(至少雅典人)喜欢听人高谈阔论,他们确实也对此相当热衷,这是他们和非希腊人的一个最大区别。因此,他们甚至要求戏台上的演员也要有高妙的谈吐,即使戏剧的情节为此而不按常理安排,也能乐于顺从接受,本来演员都不用言辞来表达,十分沉闷,容易混淆!假如用了言辞,就是不可理解的,言辞本身就有失体面!

今天我们大家都应该感谢希腊人使我们习于这种戏剧上常理安排,而我们也心甘情愿地忍受别的不合常理,有唱歌的演员,这就得感谢意大利人。倾听演员的高妙谈吐以及在较为费事的场面有详细的叙述，这些都已成为不可缺少的，只是动作，已无法使我们获得满足。

在生命已陷入无底深渊，而人们大部分已失去理智与谈锋的此刻，每当见到那悲剧英雄表现其理性与辞令以及迷人的风度——一种明朗高尚的性灵，便不由得使人如痴如狂。这种"脱离自然的偏差"，也许是最能为人类的高傲所接受的一种花腔，他之所以喜欢艺术，正是因为爱好一种崇高的、英雄式的不合常理、因袭旧传统的表达。

如果戏剧中的诗人总是只会沉默，而不将一切转变成理性和言辞，就会招致厌恶，就像人们会不满一个无法为最高激情找出一种旋律的歌剧音乐家。在这里，自然是必须反驳的！在这里，庸俗的魅力必须被较高尚的风韵取代！希腊人在这方面的成就，遥遥领先。

他们将戏台建得尽可能窄，以免除一切深景的效果，他们使演员不可能只做手势或简单的动作，将他变成一种煞有其事、呆板而有如戴着面具的标准模样，也剥夺了自身的深景，并将此定为一种不成文的良好谈吐的法则。

事实上，他们的做法已打消了任何足以激起观众同情与恐惧的主要效果，"他们不需要同情与恐惧"。这要归因于对亚里士多德的最高服从，不过亚氏对希腊悲剧的最后目的并未抓住重点。

让我们来观察一下究竟是什么最能刺激希腊悲剧诗人的创作天才、勤勉和竞争，当然不是用情绪来征服观众的企图！雅典人去剧院是要听演员的高谈妙论，而高谈妙论则由索福克勒斯完成，原谅我这种怪异的论调！这和严肃的歌剧大不相同，歌剧大师们认为引导观众去了解剧中人物是他们的工作。

"几个偶尔杂凑的字句或许对疏忽懈怠的听众有所帮助，但是

快乐的知识

整个情节还是必须自明的，对话言谈并不重要！"他们这样嘲弄着对话。或许是他们缺乏完全表达对谈话极端轻蔑的勇气，只要在罗西尼的歌剧中附加上一个小小片段的傲慢无礼的话语，他就会被允许从头到尾唱"啦——啦——啦——"。

这也许是个合理的做法。

歌剧中的人物要人相信的是他们的声调音色而非他们的"言辞"！差别就在这里，人们去歌剧院也就是为这"不合情理"的缘故！甚至歌剧中吟诵的也并不是真的要人听懂其中的字句与原文，这种半音乐是有意要让听音乐的耳朵稍事休息一下，但是没想到立即引起反效果，即更加引起听众的不耐烦与排斥，更加渴望一个完整的音乐和旋律。

从这个观点来看瓦格纳的艺术是怎样的呢？它是否与此相同？或者不一样？我时常认为似乎在他们的作品上演之前，应先在他们的心里用言辞和音乐排练一下。因为，不这样的话，也许人们既听不到言辞，也听不到音乐。

81　希腊人的尝试

"它有什么好的？"一个几何学者在欣赏过菲姬娅的表演之后，说道，"里面没有一样东西是经过证明的。"

希腊人难道如今已祛除了这种尝试？至少索福克勒斯的作品"皆经过证明"。

82　非希腊式的才气

希腊人在思考方面都非常合乎逻辑而且单纯，他们乐此不疲，至少，在希腊兴盛的时期是如此。法国人也常有这种情形，他们过分自信地动辄将一点小小的攻击视为一种对立，而只有当逻辑精神违背了群居礼节和献身时，他们才会去忍受它。

　　逻辑对他们而言，就好像面包和水一样是必需品，但是这些也像是一种牢狱中的伙食，若是本身单纯被享用的话。在良好的社会里，人们一定不会期望绝对、孤独的正当，一如逻辑所要求的，因此在法国人的才性中都有一点无条理。希腊人对社会感的发展远不如过去与现在的法国人，他们之中最聪明的人也不大有才气，他们的诙谐者也没什么机智。不过，人们是不会轻易相信我这种论调的，在我的心中还有多少这种观点啊！

　　就像所有饶舌的人一样，马歇尔说："这是雅量的缄默"。

83　翻译

　　一个时代对自身作何诠释，又如何把本身与过去连成一体，通过考察这两点，我们就能评估这个时代究竟有多少历史感。高乃依时代的法国人，甚至文艺复兴时期的法国人，把古代罗马人的文献据为己有，我们没有勇气这样做。

　　古代罗马人的文献是既粗野又朴实，它一意寻找最优秀的一切，并且提升自己，试图使自己的文明接上更古老的古希腊文明，他们多么希望将古希腊的文章译成当时的罗马文字！他们是多么想拭去当时沾在蝴蝶翅翼上的灰尘！

　　就是这样，所以贺拉斯时常翻译阿尔克乌斯或阿尔希罗修斯的作品，普罗波提阿斯则翻译卡里马科斯和菲勒塔斯的作品，他们是和忒奥克里特齐名的诗人。而这些作者本身所体验到的东西，对翻译者又能有什么作用，他们只不过在他的诗上，写上一些提示！身为诗人，他们讨厌考古似的研究历史，不重视个人特色与姓名，对

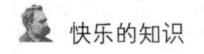

城市、海岸或年代等显得较为特殊的任何东西，诸如服饰及建筑外观等，立即用当时罗马的风俗代替。

他们似乎是在问我们："难道我们不应该使旧的东西成为新的，并去适应它？难道我们不能将我们的心灵灌输给枯死的形体？而枯死的东西是多么令人厌恶。"他们不懂得历史感的乐趣，对他们而言，过去的以及外来的东西都是痛苦的，而对"征服者罗马人"来说则是一项刺激。

事实上，他们翻译了一件作品就等于征服了一件作品，不只因为他们在其中省略了历史的渊源，他们也会对当时的人引用这些作品，不过主要的是他们排除了诗人，用自己的名字替代了原作者的名字，他们并不感觉这是一种欺盗行为，反而认为这是"罗马人的绝对统治权"。

84　诗的源起

陷入幻想中的恋人，同时也会表现出他本能的道德信条，归结其结论就是：

假使承认功利主义是一种最高的神圣，世界上富有诗意的一切又从哪里来呢？这个没有韵律的言语，使人无法做进一步的沟通。

虽然如此，这种情形依然比比皆是，而且有增无减，就像是对一切有益目标的讽嘲！一个富有诗意的、具有野性之美的无理性，会反驳你是功利主义者！祛除功利观念的意图，在某些方面却提升了人类，并产生道德与艺术的观念！

在这里我要为功利主义者说句话，毕竟他们为数不多，因此，其观念不足为证！

卷二

在古代，诗意的韵文介入存在时，人们还是带着实用的观点对它表示重视，而一个最重要的实用即是：当韵律被介入讲辞中时，它会迫使讲辞将所有片段的句子都做重新的排列，并且斟酌字词，在思想上重添一些色彩，更暧昧，更有洋味，疏离有致，确确实实是一个"因迷信而形成的实用"！

经过长久的观察，认为记住一篇诗歌远胜于发表一篇没有韵律的讲辞之后，人类便企望用富有韵律之美的祈求，邀获上帝深深的感动。同样，人们认为一种有韵律的敲击可使更远的人听到，尤其是人们要从聆听音乐而体验到的重要征服中获得优越。

韵律是一种不自然的拘束，它会引起一种无法克制的妥协欲，不只是跳舞的舞步如此，整个心灵本身也会不由自主地跟随拍子，大概连上帝的心灵也会如此吧。他们企图用韵律来抑制上帝，想练出一种超越的力量，他们将韵文团团围在上帝四周，就像是一个神奇的套索。

还有一个更奇妙的理念，它也许非常有力地操纵着一切诗意的产生，在毕达哥拉斯学派中，它显得像是一个哲学的教义以及教学的手段，不过在很早之前人们便已知道哲学家的音乐有缓和情绪和净化心灵的力量，并能化戾气为祥和，这些都得归功于音乐中的韵律因素。当一个人在心灵上失去了适当的兴奋与舒缓，他就必须跟着歌手的拍子起舞，这就是音乐医疗的秘诀。

依此秘诀，特潘德让吵杂变为寂静，恩培多克勒使狂躁成为安宁，达蒙则使患相思病的年轻人冷静下来。甚至能让疯狂与充满仇恨的上帝也接受这音乐的洗礼。

把狂暴与放纵带到情绪的最高潮、制造暴力的疯狂，虚构充满报复的梦幻。

快乐的知识

　　一切酒神祭礼的仪式都求能立即从神的威严中解脱，这样便造成一种痛饮狂歌的放荡，礼仪结束之后，神或许觉得更为舒畅与静谧，让人类也归于安宁。旋律依其基音展示一种令人快慰的动作，不仅歌曲本身是柔和的，它给人的感受也是柔和的。

　　不仅宗教的歌曲如此，即使在远古时代非宗教的民俗歌曲也是如此，其先决条件是，韵律必须要有魔法般的感化力，例如在汲水或划船时所唱的歌曲，就能令人陶醉在活动的情绪中，使人变得自主自觉，而成为人类的工具。只要一个人有所活动就会唱歌，而任何的活动都有赖于情绪的帮助，这魔法般的歌曲和咒文是诗意韵文的雏形。

　　当韵文用在神谕上时——希腊人说六音步的诗首创于特尔斐神庙——韵律在这里，也企图发挥一种强制的感化力。宣告，意味着原来已决定了某事，人们以为只要能诱使阿波罗神倾向自己，就能决定未来，他们听从最古老的信念，远胜听从一个预知的神明。所听从的宗教信条，都是以正确的字句与韵律公布的，它决定了未来。

　　以大体上的观察与研究来说，还有什么东西能比韵律对古代迷信的人们更加亲切有用呢？人们能以韵律做任何事，他们能令工作不可思议地连续不停地进行，他们能迫使神留在附近，听其使唤，他们可以依凭自己的意志为自己安排将来，他们能松缓心灵上任何过重的负荷，不仅是他们的心灵，还有那些大奸巨恶的心灵，也是如此。

　　一个人若没有诗意韵味，固然不值一提，有了诗意韵味，又近乎神明。像这种根本的感受已不再被完全散发出来，在和这样的迷信斗争了千余年之后的今天，我们之中最聪明的人偶尔还会变成韵律的呆子。

　　只有当它具有一种韵律的形式，并且接近一种庄严神圣的舞蹈时，人们才会体会到一种更加真实的期望。连那最严肃的哲学家，也渴望在别的方面能将严谨确实的事物，依旧诉之韵文的叙述，加强思想的可靠力量，这是不是一件可笑的事？而当诗人赞同它时比否认它时更能对真理造成危害！因为，荷马说过："吟游诗人传唱的东西，多半虚假。"

85 善与美

艺术家们总是不断地美化一切有好评的事物。

人类因此感到自己良好、伟大、陶醉、快乐、聪明。那些经过挑拣的事和物，都是那些确实有给予人类快乐价值的艺术家的对象，他们一向都是坐在那儿，等着发现这些事物以使自己能进入艺术领域。

我想说的是，他们本身并不是快乐与快乐之人的评价者，不过他们总是强迫评价者接受好奇心与憧憬，就为了能运用他们的价值判断。除了急不可耐，他们还是传令者的嗓子、奔跑者的脚，他们通常总是最先赞美新的特点，似乎也最先称其为善或评其为具有善的价值的人。

不过，正如我们所说的这是一项错误，他们只不过是比实际的评价者脚步快一点、声音大一点，这些实际的评价者又是谁呢？他们是拥有闲暇的富有者。

86 戏剧

今天我又感到情绪强烈而高昂，如果在黄昏的时候能来点音乐和艺术的话，我会明白，什么样的音乐和艺术，是我不该有的，也就是说，二者均不愿意使欣赏的人陶醉、兴奋。那些心灵平凡的人，在黄昏时都不像是站在凯旋花车上的胜利者，反而像是生命中充满太多鞭

快乐的知识

挞的骡子。

除非有能使他们忘形与空想的鞭打！这样他们就有鼓舞者，如同他们的酒，否则那些人对"高昂的情绪"究竟能了解多少！他宁可以一种厌恶的心情，去看那企图制造没有充分理性影响的媒介与代理人，一种心灵高潮的模仿！

什么？有人要在鼹鼠匍匐入洞之前，给它翅翼与高傲的幻想？有人要请他去看戏，并且在他盲目与疲惫的双眼前挂上一个大的放大镜？那些生活并不是一种"活动"，而是工作的人坐在台下，看着台上一些生活得更像个工作的怪人们？"这是适当的，"你说，"这是有趣的，这正是文化所需要的！"假若这样的话，我就太缺乏文化了，这种看法，我非常厌恶。

自身充满了喜剧和悲剧的人当然不愿进戏院，唯一的例外是，整个过程——包括戏剧、大众与诗人——对他来说，成为一个真正的悲剧或喜剧的演出，上演的细节就显得不重要了。

有点像浮士德与曼弗雷德的人，和戏剧中的浮士德与曼弗雷德又有什么相干！当然，他会认为，这种人物也在戏剧中出现。在没有思想与热情的人面前，最强烈的思想与热情也只有自我陶醉；而那些人也就只是达到这个目的的媒介！戏剧和音乐，就像欧洲人抽大麻、嚼槟榔！噢，谁会对我们细说麻醉药的整个历史，那也几乎是"文化"的历史，所谓的较高等的文化！

87　艺术家的自负

我想艺术家们往往不知道什么是他们最擅长的，他们好强自负，将心思都放在比那些美丽、新鲜、珍奇的小草木还高远的东西之上。他们自身的花园与葡萄园的最高价值，被他们狂妄地低估，他们的挚爱与洞察，其性质完全是两回事。

　　这里有一位音乐家，他比任何人都更有天才找出压抑、折磨与心灵受苦遭罪的特殊音调，甚至也能使沉静的动物言语。没有人能够比得上他那晚秋的色彩，以及无法形容的最后而又太过短暂的动人欢乐。

　　当一切因果都不存在，任何刹那即逝的东西源源不断地从一片虚无中涌出，他知道在心灵的神秘而奇异的午夜，会有一种弦音悠扬地响起。他从人性愉快的深处、乃至自斟自酌的酒杯中汲取所有最好的源泉。他知道厌倦独自拖曳着，再也无法跳跃、飞舞，他对深藏的痛苦、没有慰藉的谅解，没有说明的告辞，仅仅投以羞怯的一瞥。

　　是的，就如一切秘密不幸的俄耳甫斯，他比任何人都伟大。事实上，他已将许多东西加入艺术之中，那些东西不能用言语形容，甚至没有艺术价值，只有被文字吓跑而不是攫取！他更擅长的是描摹心灵上极为细小的风貌：他是工笔画的大师。

　　但是，他并不希望如此！他的性格与作风，比较喜欢宽大的墙壁和大胆的壁画！他却不明了，灵魂有一种不同的尝试和倾向：更爱静静地坐在残破废屋的角落里，以这种方式来藏匿，甚至藏匿于自身之中。他在那里画他独特的作品，作品中所有的笔调都很短促，有时画一条线条时较长，那是只有当他变得非常良善、伟大与完美时，也或许只有而已。不过，他不知道这个，因为他太过逞能自负而无法了解这个。

88　热心追求真理

　　要热心追求真理！人们从这些个字里面能了解到什么别的东西？同样的证明与试验的观点或模式。思想家认为这是无聊的行为，他耻于经不起一次或两次的试验。正是同样的观点，提供给一个艺术家，他和人们接触并暂时接受他们，这时，完全热心于追求真理的自觉，支配着他，尽管也会呈现出正相反的热烈欲念，不过仍然值得赞美。这样，可能一个人会因其热诚的悲怆感，谨慎浅薄地背叛一直支配着知识领域的理智。难道背叛者认为那并不如我们所想象的那么重要？

它显示出我们的动机所在，然而我们都缺少动机。

89　现在与从前

我们的艺术，在艺术家的作品中究竟有什么影响？是不是较高的艺术，即节日喜庆的艺术，都遗失了？

从前所有艺术家的作品，都陈列在人类欢乐的大道上。当作回忆的纪念品以及欢乐时光的纪念建筑物。

现在有人从人类痛苦的大道上，引诱一些精疲力竭与病弱的人，用艺术的作品去寻求片刻的狂欢，而只给他们一点小小的疯狂与忘形。

90　灯光与影子

书本和著作对不同的思想家，有千差万别的影响。

一种作者是将所有灯火的光线都收集在他的书本里；另一种则只给人们影子、灰黑色的复制品，原作在这之前便早已矗立在他的心灵中。

91　留心

著名的阿尔菲爱里对那些吃惊的同代人叙述他一生的事迹时，编了许多虚假的故事。他之所以说谎，是由于他对自己采取专制的态度，例如在他创造自己的语言方式和压迫自己成为一个诗人上面，最后他发现一种极致的严格形式，并强迫他的生命和记忆遵照这种形式：在整个过程当中，他必定是饱受痛苦的。

我也不相信柏拉图所写的自传，就如同不怎么相信卢梭或但丁的自传。

92　散文与诗

不论在公开的场合还是私底下，都应让人们明白一点：一个伟大的散文家，也是一个伟大的诗人。

事实上，也只有以诗的表现观点来发挥才会写好散文！因为散文是一种与诗之间连续而精炼的战斗，而它所有迷人的风韵就在于它是一直避免反对诗的表现方法。任何抽象的东西都意图嘲弄诗，并且想用一种模仿的声音，形之于口。所有的沉着和冷淡都是为了要将亲切的女神改造成一种亲切的绝望，两者时常也会有接近与一致的时候，然后突然来一个倒退，引起一阵爆笑。

正当女神在欣赏她的薄暮微光和沉闷的色彩时，帘幕被拉起，耀眼的光线射进来。当她举起玉手，左顾右盼之时，珠玑般的字句从她口中吟唱出来，结成优美的旋律。因此，在这场战斗中，有许多欢乐，包括失败者，非诗人与所谓的散文家对此都一无所知，结果，他们只会写些糟糕的散文！

战斗是一切优良作品之父，也是优美散文之父，在本世纪有四位非常出色、有诗人气质的人，散文创作已达炉火纯青的境界，要是缺乏诗的表现方法的话，本世纪就不会有那些优秀散文的出现了。

歌德不算在内，他是应时代的理性要求而产生的，我认为这四位分别是李奥帕底、梅里美、爱默生，和《想象的对话》一书的作者兰道尔，他们都是散文大家。

93 "但是，为什么你要写？"

A：我并不属于那种手里拿着蘸了墨水的笔才有思想的人，也不是那种在打开墨水瓶之前，便已惶惶然经不起自己的激情，而坐在椅子上注视纸张的人。我总是为写作感到烦恼与羞愧，写作是一件必须要做的事，我甚至讨厌用一种浅显的比喻来说明。

B：但是，为什么你要写？

A：好，先生，我可以很明确地告诉你，这是因为，到现在为止，我尚未找到能驱除我的思想的方法。

B：为什么你要驱除它？

A：为什么？因为我就是想驱除，而且一定要驱除。

B：够了！够了！

94 死后的成长

方特奈尔在他那不朽的《死者对话录》一书中，论及道德问题时所用的少数大胆的字句。成了包含谦虚才智的诡辩和消遣。即使是试验与理智的最高判断，也无法在死者身上看出什么来，或许连方特奈尔自己也看不到什么。

然后，令人无法相信的事发生了。这些想法都变成了真理！科学证实了它们！于是这场戏剧反而变得严肃了！我们以一种不同于伏尔泰和爱尔维修斯阅读本书的感受，来阅读这部对话录，并且不知不觉之中将对话的创作者，抬高到比伏尔泰更高级的知识层面上。

究竟是对，还是错呢？

95 康福德

如果对人类与像康福德[2]之类的人群做仲裁，应该是站在后者这一边，而不可分别赞成哲学的放弃或辩护两者——对这个我很难解释，除了如下所述：

他有一种远超其智慧的本能，而对此本能始终未曾满足；仇恨的心，敌视所有贵族阶级的血统，或许因他母亲的年老与太可了解的怨恨，一种报复的本能来自他为了报母仇而等待了四年的少年期；不过，他的人生与天才的倾向，还有最重要的是父系血统在他身上的气质，都怂恿他认同并归向贵族阶层。

最后，他无法再忍受自己，陷入一种激烈、忏悔的情绪中，在这种状况之下，他披上一般民众的外衣。他的愧疚是对复仇的疏忽，假如康福德能稍微更像个哲学家的话，革命就不会造成它的悲剧理智和尖锐的刺激、且被视为一件非常愚昧的事，也不至于在人类的心理上形成如此诱人的影响。

不幸的是，康福德的仇恨与报复观念已熏陶了整个一代，而最优秀的人也进过他的学校。

我们不妨这样想，米拉波[3]敬仰康福德就像是敬仰他更崇高、更年老的自己，从康福德的身上他期待刺激、警诫和罪的宣告，米拉波是另一种完全不同的伟大人物，也是昨日与今日那些天才政治家里面的顶尖者。

奇怪的是，尽管有这样的一个朋友和拥护者，这位最聪明的伦理学家仍然对法国不够了解，就和司汤达[4]一样，他也许具有本世纪之法国人中最有洞察力的眼睛和耳朵。是不是因为后者的性情真正具有许多德国人和英国人的倾向而需要巴黎人忍受他。

而康福德，一个具有丰富知识和在心灵上有着神秘动机的人，消沉、痛苦、热烈，一个思想家去发掘笑就如医疗拯救生命一样，是必须的，并且就像他失去了每一个没有欢笑的日子，因而更像一个意大

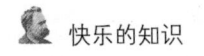

利人而不像法国人。

我们知道曾有这样的遗言,"噢,我的朋友,"他对西哀士说,"你要做我的好弟兄,不然,我就杀死你。"

这当然绝不会是一个临死的法国人所说的话。

96 两个辩论家

这两个辩论家,一个是只有在他经不住情绪的激动时,才会对他的论据达到完全的了解。也就是说,将充分的血液和热量灌进他的脑子里,以迫使他的高度智力显露出来。

事实上,另一个人的做法也往往相同:他靠着情绪的帮助,朗朗地、激昂地、很有精神地述说他的论据,不过通常都很失败。然后,暧昧地、含混地说得很快,他夸口对他论据的疏漏与刺激的怀疑,然后突然转变成用一种最冷淡与最厌恶的声调;在他,情绪总是压倒了精神,或许是因为他比以前更强。不过,当他在抗拒感受上的狂风暴雨时,其力量便同时达到了最高峰,也只有他的精神从隐伏中完全显现出来,一个必然的、漠视的、爱打趣不过很怕刺激的精神。

97 作家的争辩

关于发怒的争辩,时常见于路德和叔本华的作品。

争辩多半来自太多的概念公式,譬如康德的著述;争辩也来自对相同理念进行修改的嗜好,这可以在蒙田的文章里找到。

关于怨尤之情的争辩,凡是读过我们这个时期的作品的人,必能想起二位与此有关的作者。

争辩,多半来自对言辞字句与形式的热衷,在歌德的散文中有少数这种情形;争辩也来自对传闻的纯粹满足和感受的混淆,例如在卡莱尔[5]的作品里面便有。

98　向莎士比亚致敬

我最敬佩莎士比亚的是，他相信布鲁图，并且对布鲁图所表现的那种美德[6]没有丝毫疑问。莎翁这出最佳悲剧是献给布鲁图的，献给他，以及崇高道德最可怕的本质。

灵魂的自主。这是争论的问题所在。这里再无比此更大的牺牲；如果一个人热爱自由，而这个自由受到威胁的话，他甚至必须为此而牺牲他最亲爱的朋友，纵然他是伟大的人物、世界的光彩、无与伦比的天才。这必定就是莎翁的看法。唯有当他将英雄的内在问题、同样地与能切断"这个结"的心灵力量提升为广泛的普遍性时，他的崇高地位才能给予布鲁图的精美的荣耀。

难道说强迫诗人同情布鲁图，使其成为布鲁图的从犯，这是真正政治的自由吗？或者政治的自由只不过是对某些不可用言语表达之事的一个象征？是否也许我们正处身于某些晦暗的事情之中，或者在依然未知的、与只作象征叙说的诗人灵魂中做探险？和布鲁图的忧郁比起来，汉姆雷特的忧郁又算什么呢？大概莎翁也知道这个，就像由他的经验而通晓别的事一样！

或者莎士比亚也有他黑暗的时刻与邪恶的天使，如同布鲁图一样，但是不管曾有任何相似或秘密的关系，在表现布鲁图的观点和美德时，莎翁会依从他的理由，并且感到不值一提、差异巨大。他已在那出悲剧里将此证言说得很清楚，在剧中，他有两次穿插一位诗人，而且两次将这类不耐烦和极端的轻蔑加诸他的身上，听起来像是一种哭诉——自轻的哭诉。

而当这诗人出现时，即使是布鲁图也失去了沉着，变得自大、伤感与冒失,犹如诗人平常所表现的,看起来像是充满伟大的可能,甚至是道德上的伟人,虽然在实际与人生的哲学中,只有非常少的人能做到一般平常的正直高洁。

"他或许是识时务的,但是我更知道他的性情,除了乱蹦乱跳的傻子!"

布鲁图喊着,我们可以从这句话推出原诗人做此悲剧的本心。

99 叔本华的信徒

当文明人和野蛮人接触时,我们会发现,较低文明通常会先接受较高文明的陋习、弱点和暴行,再推进一步而论,前者会感受到一种迷人魅力的影响,最后,由于挪来的这些陋习、弱点和暴行,顺带允许后者一些较有影响力的东西去发挥它的感化作用,我们不必远赴落后之处也能知道,确实多少变得高雅些和较为精神化些,不那么容易弄明白。

究竟什么是叔本华的信徒们依旧惯于最先接受的东西!当置身优越文化之旁时,那些人必定认为自己是最野蛮而最先被他野蛮怂恿与迷惑的?难道是他冷酷无味的感觉,以及使他看起来较似英国人而不似德国人的清晰与理性的倾向?或者是终其一生始终在反驳"存在"与"意志",并且迫使其甚至在文章中都一直反对自己的理性自觉意识的力量?或者是他表现在和教会与基督教上帝有关事物上的那份纯洁;在这些地方,他有着是德国哲学家前所未有的纯洁,他活得像个"伏尔泰门徒",也死得像个"伏尔泰门徒";或者是他的理智直观的不朽学说、先验因果律、工具知识和不自由的意志?

不,这些都不迷人,但是叔本华在那些通路中的神秘困窘和蒙混,他那不可证明的"单一意志"的学说、对个体的否认、对天才的幻想、对同情的荒谬，以及使个性化原理的突破成为可能，就如所有道德观念的根源；并且也包括了这些主张，诸如"死才真正是存在的目的"，死产生不可思议的影响，这种可能，不能否认。

凡此种种以及类似哲学家的放肆和陋习，总是最先被接受并成为信仰的规条，因为陋习和放肆是最容易模仿的，而且不需要长时间练习。不过，在此让我们来谈一位目前最著名的叔本华的信徒瓦格纳，就如曾经发生在许多艺术家的身上的情形，同样的情形也发生在他身上；在诠释他所创造的风格上他犯了一个错误，误解了他自身艺术独特与无法表达的哲学。

瓦格纳自甘被黑格尔的学说误导直到他生命的中期，后来，当他读到与他风格相近的叔本华的学说时又犯了同样的毛病，并且开始用诸如"意志""天才"和"同情"等字眼来表达自己。

虽然如此，再也没有比瓦格纳作品中的英雄人物所具有的瓦格纳素质，更与叔本华的精神背道而驰的；我是指最高的自私的纯洁无邪对强烈激情的信任，换句话说，齐格菲[7]的特征都表现在他的英雄本质上。

瓦格纳从叔本华那里染上一种对犹太人憎恨的恶习，即使对他们伟大的功绩也不能持公平之论。瓦格纳想构建一个以佛教思想为底子的基督教的企图，以及他要在欧洲开创一个佛教纪元的努力，都因袭了叔本华的设想，他对动物怜悯的说法也来自叔本华。

叔本华的前辈，著名的伏尔泰，或许已经知道如何假装憎恨某种对动物怜悯的人与事。至少瓦格纳对科学的憎恨，确实不是被慈悲与仁厚的精神所激发。总之，假使一个艺术家的哲学只是别人哲学的补遗续尾，并且对其艺术本身不会造成任何伤害的话，这个哲学就不怎么重要了。我们无法由艺术家一个偶然的，也许是非常不合宜与放肆的假托而十分小心地避免去喜欢他，我们不要忘了那些可爱的艺术家也都近似伶人——他必须如此，因为假如缺少戏剧表演，他们将很难坚持到底。

让我们忠实于瓦格纳身上真实与原始的部分，同样的，我们这些瓦格纳的信徒也应该忠实于自己身上真实与原始的部分。让我们容许他反复无常的心绪和痉挛情结，并允当他将之视为一种为了生存与成长的艺术的营养素和必需品。他作为一个思想家而经常犯错，是不应该的，公正与耐心都不是他的事，在他自己的眼中，他的生命没有任何错误。对我们每个人而言，生命便是"要做一个人，不要跟随我，就是你自己，你自己"！

至于我们的生命，也应当使其在我们的眼中，永远看来是正确的！我们也可以让无害的自私经由自身而成长、繁盛、自由与无惧。

因此，在今天，每当想起这类人，这些念头依旧会在我脑海浮现，就像以前说过的：

那种情欲比禁欲主义或伪善好，那种率直，即使邪恶，也总比因试图遵守传统道德而失去了自己要好；自由的人都想成为恶一样成为善，而不自由的人，则是对本性的一种玷辱，当然也就无法分享到那份喜悦。

最后，凡是想要获得自由的人必须先成为完全的自己，那种自由不会有如天赐恩物般落在每个人身上。

叔本华可能有说过，一切依旧有斯宾诺莎[8]的味道，而缺少我的气息。因此，不管是什么理由，瓦格纳必定已转望叔本华以外的哲学家，与这个思想家有关的令他着迷的魅力，不仅使他盲目地趋附所有别的哲学家，甚至趋附学术本身。他的整个艺术愈来愈倾向成为叔本华哲学的翻版与附属品，因此，也就更断然放弃成为人类的知识与科学副本与补遗的野心。

他不仅被哲学整个神秘的华丽所诱惑，甚至连这位哲学家的特殊气味和情感也怂恿着他。譬如瓦格纳对德语腐化的愤慨指责是叔本华式的，假如我们要赞赏他在这方面的模仿的话，不可否认，瓦格纳的风格自身深为夸张与"臃肿"所苦，会使叔本华暴怒不已，至于那些瓦格纳狂就变成和过去某些黑格尔狂一样危险的人物。

100 学习尊重

我们必须学习尊重的艺术和轻蔑的艺术，无论领导大众走上新途径的是谁，我们都会惊讶地发现，他们在表达感恩之情时如何笨拙。事实上，能够表达的感恩之情太少了，似乎每当他们想要说出心里的感激时，喉咙就像是被什么东西哽住似的，日思夜想，最终只是沉默。

一个思想家成功地探究思想的影响、改变与震撼权力的方式，近乎喜剧，仿佛他们已被深受伤害的感觉所左右，只得以各种失误与不当来表明疑心受到威胁的独立自主。只为设想一个谦恭有礼的感恩定例，就需要经历所有世代，唯当某些属于精神与天才的东西被加入感恩的心情中，那一刻才会到来。接着，会有某个伟大的感谢的接受者，不只因为他所做的成就，更由于先人们历代累积下来的最佳"宝藏"。

101 伏尔泰

任何有宫廷的地方，必有雅言的标准，这种标准也适用于作家的风格。

宫廷语言是佞臣的语言，他们没有专业，谈论学术也规避一切技术表达，任何违背专家的东西，在有宫廷文化的国家里，是一种风格缺陷。

目前，当所有宫廷都变成对过去与现在的拙劣模仿时，我们惊讶地发现，连伏尔泰对此也有不可言传的保留与谨慎，譬如，在他批评名作家孟德斯鸠时，如今我们都已从宫廷体裁中解脱出来，而伏尔泰却仍是那种类型的人。

102 给语言学者的话

有人以为有些书有价值、高贵，须动用所有世代的学者去诠释，而且，经过他们的努力后，这些书还能保持真实和明白易解，再三强调这个信念是语言学者的目的。我们先假定这种稀世的人并不缺乏，而他确实知道如何使用这种有价值的书！那些人也许是自己写有这种书，或者他能写而没写。语言学以一个高贵的信念为前提的：为了某些少数"将要来临"的人的利益，许多非常痛苦，甚至卑贱的工作都必须先做好。

103 德国的音乐

除了其他国家，现在德国的音乐也成为欧洲人的音乐。由于法国大革命的变动，它已经独自找出适合自身的表现方式：唯有德国的音乐，才懂得如何鼓动广大群众。许多人工制造的喧嚣，原本可以不那么嘈杂的，譬如意大利歌剧，只是一些驯服者与士兵们，而不是"民众"的合唱团。

另外一件事，在所有德国音乐中，我们可以发现中产阶级对贵族阶级，尤其是对精神高雅者的嫉妒，有如一个谦恭、侠义、古朴与自信的社团的表现。那种音乐不似歌德笔下的音乐家，只要在大门口演奏，就能使廊下的人和国王都感到愉快。

在这里不说"骑士以英勇风度与腼腆的眼神注视佳人"，甚至连美神葛蕾斯姊妹也被无情地摒弃于德国音乐之外，只有美丽情侣的欢乐才使德国人悠然自得、狂热、博雅与粗率的"崇高"，就像贝多芬那种崇高。

假如我们要猜这个音乐的作者，就得猜与歌德比肩的贝多芬，当他俩在狄普利兹相遇，就像是半野蛮与文明的交会，普遍与高贵的交会，善良者与大慈者的交会，夸张者与理智者的交会，梦想者与艺术家的交会；就像是古怪与自苦的人，傻傻地出神、幸福地悖运、诚挚地放任、自命不凡的人与固执的人。总之，就像是"桀骜不驯的人"碰头。

歌德就是这样塑造了自己并表现出自己的特色，对他这个异常的德国人而言，世上尚未有堪与之匹配的音乐。

最后，我们试想，广泛地轻蔑悦耳音乐，漠视美妙的旋律，难道不应被视为一种民主政体的失误和法国大革命所留下的后果？悦耳的旋律已很明显地乐于和法律采取一致步调，嫌恶一切古代欧洲社会制度的音符、反感导引我们返回旧制度诱惑的进化、畸形与专横的东西。

104　德国的语文

我们知道盛行数世纪之久的德国文言文源于何处。德国人为表示对朝廷（德意志帝国）的崇敬，故意把朝廷中书写政论的文体当作典范用在日常的生活中，如写信函、做记录、立遗嘱等。

这种官方文体写出的文章和民间的白话文相比，味道特殊。如此一来，人们所说的话，也就和所写的文章一样，对表达方式十分挑剔，说话学宫廷腔调，最后，他们装模作样成自然。

在别的国度未必会有类似情形发生。整个民族拘泥于形式和装模作样的表达方式，终将变成毫无生机的死语言，届时不再有方言。我相信，在中世纪、或者中世纪以后，德语腔调是都极为粗鲁含糊的。

近代以来，人们发现学习法语、意大利语或西班牙语的腔调就需要这种德语腔调，故而它的身价顿涨，尤其在德国贵族阶层表现更甚，他们无法对纯正的母语满足。但不管怎样，在今日意大利游客口中，德语仍旧十分粗鄙、土气、嘶哑的，就好像它是发源自吸烟室或异国的穷乡僻壤。

现在，我注意到一些从前羡慕宫廷风格表达方式的人力求突破，尝试适应一种特殊的"声音魅力"，那或许会对德语构成真正的危险，他将发现，在欧洲再也没有比这更令人憎恶的声音。在语音中，带着嘲讽、冷酷与漠然的口气，现在的德国人听来觉得有"高贵"的味道，我常常从一些年轻的公务员、教师、妇女和商人的口中听到这种"高贵"语气，甚至连许多小女孩也在模仿那些人。

德国人是否能成为一个爱好音乐的民族？很明显，德国人目前正在为自己的语文打气，也许他们会练习尽可能大胆地说、大胆地写。为了将语言的腔调融入民族之中，人们很快便拥有表达的字句和模式，最后会有适合这种腔调的思想应之而起。

他们用公务员的文体书写东西，或许我对目前盛行的文体了解太少，但是，有一件事我可以确定：德国的公告与政令之所以能宣扬得十分广远，并非依靠音乐，而是由于那没有味道的傲慢自大的新腔调。几乎在每个一流的德国政治家的言辞中，都有一种外国人极为厌恶而不愿听闻的重音，但是德国人却能忍受，他们能忍受自己。

105　德国艺术家

当一个德国人一旦体验到热情，就会表现得好像他必须凭着这股热情行动，不再对行为多加考虑。事实上，他表现得非常笨拙、丑陋，仿佛一点韵律和节奏都没有。旁观者都会感到痛苦或者激动。只要他将自己提升到热情所及的崇高庄严和如狂欣喜，德国人也会变得美丽动人。

当意识达到一个高潮，美就开始把魅力散播在德国人身上，迫使德国艺术家追求一种巅峰和热情。他们衷心地期望超越丑陋与笨拙，进入一个良好、舒畅、充满阳光的世界。他们的震颤常常只是他们想要跳舞的征候，这些身上潜伏着粗野的色情狂热，有时仍旧保持神性以继续他们的游戏。

106　如鼓吹者般的音乐

"我渴望有个音乐艺术的大师"，一个改革者对他的徒众宣讲，"他能够从我身上了解我的观念，用他的语言叙述出来，我更能触及人们的心与耳。利用曲调能诱人步入或是或非的境地，试问：谁能拒斥一个曲调呢？"

"您希望不能驳倒吗？"他的徒众问。

改革者回答说："我希望苗芽能长成一株树，为了使一个教义成为一株树，我们必须相信它一段时间，它为了博得信任，就必须是不可驳倒的。风暴、怀疑、虫害和邪恶，树是需要的，这样才能显出苗芽的种类与生命力。它若不够强壮，就让它死了吧！不过，一个苗芽也只能被灭绝，不能被驳倒！"当他说完了这些话，他的徒众热烈地呼喊："我相信您的看法，不过它如此强硬，我会倾吐萦绕在我心的一切并反抗它。"

改革者莞尔一笑，用手指指着徒众恐吓道："这种徒众是最好的，却也最危险，它并不能忍受所有教义。"

107　我们对艺术的最高感激

如果我们尚未证实"艺术"这个东西，又发明对这种不真的礼赞与对一般虚伪不实的洞察，譬如对理解、感觉的迷惑与错误的洞察，让人无法忍受。忠实在养成训练中会感到厌恶而自毁，不过，目前我们的忠实有一种制衡可帮我们避免这种情况，换句话说，"艺术"犹如导致幻觉的善意。

我们不要老是抑制我们的双眼，不在想象中获得完美的形象，这样，我们终将归趋的转化之流便不再是个永恒的缺憾，我们自认博取到一位美丽的女神的欢心，并且在回报这项贡献时显得十分荣耀，又朴实无华。

此外，存在一个美学现象，我们仍能接受。我们必须时而以沉思与视己无物来静息一下，与艺术家的疏离也让我们自嘲自伤，我们必须找出隐藏在我们追求知识热情中的"英雄"和"傻子"，我们必须时常为我们的愚昧而高兴，如此我们才能在智慧中保持欢悦。

正因为在我们的内心深处，我们自觉是稳重严肃之人，自觉比别人重要，没有什么能使我们成为傻子的花帽与钟铃，我们需要所有的傲慢、飞扬、狂舞、嘲弄、稚气与喜悦的艺术，以免失去对理想对我们要求的主权。我们善感的耿直本性，完全陷入道德观念中，变成风范高洁的怪物或稻草人，我们给自己订的条件太严苛，反而使我们倒退堕落。

我们也应该"能够"忍受高高在上的道德观念，不但是能忍受一个人时时刻刻惧怕会失足或陷落之痛苦的刻板，而且也能飞扬玩弄于其上！

我们如何使"艺术"避免那种意图，祛除那种傻子？

只要你依旧以自己为耻，你就不属于我们！

注释

1 此处为引自德国诗人席勒的诗《扎伊斯蒙面像》。

2 康福德（1740~1794），法国剧作家、小说家。

3 米拉波（1749~1791），法国大革命时期的政治家。

4 司汤达（1783~1842），法国作家，代表作有《红与黑》等。

5 卡莱尔（1795~1881），英国历史学家、作家，代表作有《论英雄与英雄崇拜》等。

6 指布鲁图为保全罗马的共和而刺杀西泽一事。

7 齐格菲，德国传说中的英雄人物。

8 斯宾诺莎（1632~1677），荷兰哲学家，代表作有《理智改进论》《伦理学》等。

卷三

快乐的知识

108　新的奋斗

佛陀圆寂后，人们在一处山洞中展示他的形象达数世纪之久，这是一个非常可怕的形象。

上帝死了，但是人类会构筑一个千年不坏的山洞，在山洞里展示它的形象。

而我们，必须克服它的形象。

109　留心

留心，不要认为这个世界是一个活的实体。世界究竟能扩展到哪里？它用什么来给养自身？又如何茁壮成长？

我们十分清楚有机体是什么，并且想把地球上派生的、迟缓的、稀少的与偶然的一切，重新诠释为本质的、普遍的与永恒的，他们把宇宙称为有机体，真让人恶心。

留心，不要相信宇宙是一部机器，它不只是为了某一目的而构建的，我们赋予"机器"这个词语太过崇高的意义。

留心，不要假设宇宙间的一切都像日月运行般那么有规律。事实上，对银河蓦然一瞥，常会让人怀疑，那里只有很少的天体对冲运行，甚至那些一直被重力吸引、以直线绕行轨道的众多星球也是这样？

我们生存的天体的排列是一个特例，这种相对永久的排列，可能只是有机体构成中特例的特例。这个世界的一般特性，就是"永恒"充满混沌，不是因为缺少必然，而是因为缺乏秩序、架构、形式、美丽、智慧，简言之，缺乏人类的美学特性。

以我们的理智来判断，不幸的特征一旦成为法则，特例就不再是秘密的意图，而整个八音盒一再重复着绝不能称为旋律的调子。"不幸的特征"这个表达已然卷入非难中的人格化。不过，我们又怎能擅自非难或赞美宇宙。

留心，不要把无情和无理归因于它自身或与它相对的一边，它不完美，也不美丽、高贵，更不企求与此近似的任何东西，它完全不想模仿别人！它完全不受美学与道德判断的影响。它没有任何自卫的本能，也没有其他本能，甚至也不知道规则。

留心，不要说大自然中自有规则，不要说只有必然的事；没有发令者，没有奉命者，也没有逾越者。你知道，没有意图，就没有机会，只有在有意图的构想下，"机会"这个词才有意义。

留心，不要说死与生相对。生只不过是死的一种，而且是非常少有的一种。

留心，不要认为世界永远不断地创造新事物，并没有永久不灭的实体，物质正如伊利亚特之神，是另一个误解。但我们应该何时谨慎地做个了结？

所有这些上帝的阴影何时才会不再遮蔽我们？

我们何时才会完全不敬神明？

何时才能以新近发现的纯粹本性，还我本来面目。

110 知识的起源

知识分子从来只知道制造错误，而有些错误经事实证明对人类有用。他与错误要么采取一致步调，要么承袭它们，以进一步的成功为自己与后世子孙奋斗。那些被遗留下来，成为人类财产与绊脚石的信

快乐的知识

念、错误的教条，如永久不朽的东西，相等的东西；物体、实体、肉体等，我们所见到的是什么就是什么，而我们的意志是自由的，只要对我们有益，就好。

最近，才有否认与怀疑这种观念的人；也只在最近，真理变成知识的最弱形式。看起来，要和真理一致是不可能的事。我们的有机组织都被弄反了，所有较高的功能、各种感觉，对感觉的认知能力，均与最初的具体错误、具体观念相关。这些观念，逐渐变成据以断定纯粹逻辑领域"真"、"假"的知识标准。

因此，概念的"力量"并不依赖真实程度，只依赖古老的传袭、具体的表现、生活的特色。

生活与知识起冲突之处，绝不会有严重争论，否认和怀疑一直被视为疯狂之举，例外的思想家，比如伊利亚特人，他们不顾这些，一直保持着与自然的错误相对的一面，并且相信这些相对的东西完全有可能存在。他们认为，哲人具有不变的普通直觉洞察力，由于擅长颠倒知识，他们深信知识同时也是生活准则。

为了肯定一切，他们必须欺骗自己，他们把并不具备的人格特质与不变的永恒本性硬拉到自己身上，误解了哲学上的个人本性，否认认知作用刺激所发挥的力量，并把理性看成一种完全自由独创的活动。他们没有留意到，即使不用正确方法，他们一样能自圆其说。真诚与怀疑二者更一步的发展，就造成这些难堪，他们不得不依赖原始本能，依赖感官知觉来判断生活。

只要存在两句格言都适合的人生的地方，就有更敏感的纯真与怀疑论产生，因为两者都能适应基本错误，对生活应该采取怎样的功利态度便会时有争执；同时，也证明了新的格言虽然不见得有用，但至少无害，就像在一场纯粹娱乐的游戏中，双方各显智性，实无妨碍。

人类的脑子充满种种看法与信念，在混乱之中就导致权力酝酿、贪图和斗争。为"真理"而奋斗，不仅是发自实事求是与享受喜悦的心，而且也掺有其他动机，这个纯粹智性追求，往往会变成一种吸引、一种召唤、一种责任、一种荣誉，一种认知并追求真理，最后自身也成为众多要求中的要求。

　　从这时起，不仅信念，连审查、否定、不信与反对也形成一种力量；一切附属于知识的"邪恶"本能均各归其位，并要求赋予认可、有益和尊崇的美名，最后以善的姿态呈现。

　　如此一来，知识就成为生命自身的一部分，生命则变成一种不断成长的力量，直到最后，认知作用就和原始的、根本的错误发生冲突，同样的冲突也落在生命、权力，以及同一个人的身上。

　　追求真理的动机和求生的错误，在思考者身上造成第一次冲突，这个冲突也证明它本身将成为一种求生力量，和这冲突的重要性相比，其余的一切就显得微不足道。在这里，提出最后一个关于生命的问题，而首次意图就是在尝试着回答这个问题。

　　敏感的真理究竟能具体化到什么程度呢？这是问题，也是尝试。

111　逻辑的起源

　　逻辑由人类大脑的哪里产生？

　　人们最初的认知表明，这个范围极为广泛。然而也有许多人，他们也许比我们更接近事实，却从不这样推论！举例来说，就生存可能来讲，那些不能区分食物和危险动物的人，绝不能慢条斯理地推论一番，再决定是否猎取；推论太过慎重的人，与能在任何情况下迅速识别相似与差别的人相比，显得渺小多了。

　　不过这种分辨相似和一致孰占优势的倾向，这种不合逻辑的倾向，没有一件东西平等一致，这就导致人们必须首先解决逻辑的整个基础问题。如此一来，为了使物质的概念能够产生，一切就不可避免地投向逻辑，经过长时间的进展，事物改变的过程必然会被忽略，而我们依然不得其详。

再者，对事物的看法并不正确的人，比看见每件事都"变动不居"的人更占优势。就其本身来看，做结论时，高度的慎重和过分的怀疑，都对生命有极大危险。除非相反的倾向，除非确定的判断，以格外的努力来促成人的决断，否则，人类便不可能存留。逻辑思想过程以及现代头脑的推论与欲念的挣扎过程相符，而后者非常不合逻辑：我们通常只对挣扎的结果有体验，现在原始的机械性却早已迅速而秘密地发生在我们身上。

112　因果

我们会说，那是一种"诠释"，然而事实上，它只不过是我们对较为古老的知识与科学的"描述"；我们也只是描述得好一点而已，我们在诠释方面，做得和前人一样少。

我们发现，天真的人和古老文化的探索者，对许多方面的自然嬗变只看到两点：

"因"与"果"是我们赋予自然运行的一个完美的概念，但对这概念以及隐藏在概念背后的知识却一知半解。眼前每个事件一连串的"因"十分完全，而我们常断定必须以这个或那个为前导，就是为了让别的因素能连接得上，不过，我们也并未因此掌握什么。

奇怪的是，每个化学变化的过程似乎都是一项"奇迹"。就如同宇宙万物的运行一样，没人能"解释"引起反应的刺激究竟是怎么回事。我们当如何解释呢？我们只是在玩弄一些不存在的东西。诸如线、面、体、原子以及可分割的时间和空间等。当我们初次赋予所有事物以概念时，又如何使诠释成为可能？

我们可以认为，科学是要把一切可能的事物做人性化处理，并从不断描述事物、事物关系来更正确地描述自己。因和果，大概再也没有这样的二元性了。事实上，在我们眼前，有一种连续，把他切割开来，就像我们在观察一个运动，常把它视为许多孤立的片段组合一样。因此我们未曾确切地看过它，而只是推论它。许多"果"因为不连贯将我们导入错误；但对我们而言，那也只是一个不连贯而已，在断裂的片刻，过程的大部分都被我们错过了。

理智可以看到因与果互相连贯，也可以看到事物的转变并非是依照我们的概念模式。事物自身任意地分崩离析，把因果概念置之一旁，并否定所有制约。

113 有毒的学说

为了推进科学思考，必须将许多事物结合，并且个别地设计、练习与培养所有需要的力量。不管怎样，当它们被局限在科学思考范围内相互牵制时，它们的作用有如毒药一般，怀疑的刺激、否定的刺激、等待的刺激、分解的刺激，常能导致比当前更严重的影响。

人类的许多牺牲都为这种刺激所犯的错误而奉献，去了解它们的存在，并将之视为有如人体各具功能的器官，而我们离那观点仍然极为遥远：即艺术家的力量和生命的智慧，须和科学的思考相合作，方能造成一种更高的有机系统。而这系统，我们眼前所知的学者、医生、艺术家和立法者会让古人有憾！

114　道德的扩延

我们描绘一张新图画，靠过去的经验帮助，立刻能目睹，但还要依靠我们的忠实和公正。道德的经验是唯一的经验，即使是在感官知觉的领域里也是如此。

115　四种错误

人是被错误教导出来的：

1. 他总认为自己不够完美。
2. 他赋予自身丰富的想象力。
3. 他觉得在动物和大自然之间，自己处在一种虚假境况中。
4. 他不断建立并接受新的价值标准，使任何时候的人类动机和行为均能显得十足高尚与尊贵。

若是我们忽略了这四种错误造成的影响，就表示我们也忽略了人性、人情和"人的尊严"。

116　群体的直觉

当我们面对一项道德观念时，会发现一种价值观和人类的动机与行为发展的层次顺序，而这些价值观和行为发展的层次顺序，可以说明一个社会团体或群众对各种需要的表达，在其利益关系上，何者居先、何者第二、第三，它们也是对任何人的权威价值的准绳。个人经由道德而被教导成群体的一个机能，并且把自身的价值只看成一种效用。当一个社会团体和另一个社会团体的生存之道不一样，其道德观念也就有所差别。不管将来群众、团体、社会以及国家等如何转变，我们都可预言，道德观念的分歧仍旧存在。

道德观念是群体直觉深植个人内心的产物。

117 良知的群体刺痛

人类在过去漫长遥远的岁月里遭受的良知意识上的刺痛,与今日有别。今日,人们只对某个意念或动作有反应,都有自尊心。法理学的教授们均以个人独立与适意情绪来作为探讨的缘起,好像权力的根源从初始便存在。但是在整个人类生命的漫长岁月中,没有比感觉自身独立无依更叫人害怕的。要独行,要感觉那份自主,既不指使谁,也不受谁的指使,只单纯地代表个人,那就只能得到一种惩罚,而无乐趣可言,他注定"要成为一个个体"。自由思想是不安的体现。

当我们把律令和种种法规看作一种束缚与损害时,从前的人却把自我本位的利己心态视为一件痛苦的玩意,当成是真正的邪恶。一个人若以自己的标准来衡量价值感或塑造自己,那是十分惹人厌憎的。类似的行为也是疯狂不正常的,所有的不幸与恐惧都跟孤独有关。

"自由意志"和内心愧疚纠缠在一块,一个人的行为的独立性就越少,就会有越多的群体直觉。他的行为并不表现个性,尊重伦理道德更甚于尊重自己。所有伤害群体的行为,不管个人有意还是无意,都会在他的良心上造成刺痛,也会对他的邻居以及整个群体造成伤害!就因为如此,我们才大大改变了思想模式。

118 善意

当每一个细胞将自身变成得更强,这道德吗?
是,它必须这么做;
当较强的细胞同化别的细胞时,是邪恶的吗?
不,它只是不得不这么做。
需要这么做,它必须有充裕的补偿,寻求再生,我们必须依据

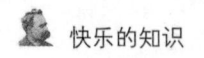

强者或弱者感受到的善意来辨别获取天赋本能与顺从的直觉。

强者内心交融着喜悦和贪婪，他要把某些东西转变成自己的功能，内心洋溢着喜悦；贪婪的弱者，则乐意成为一种功能。前者在本质上有缺憾：一种看到弱者就想吞并的兴奋。总之，我们必须记得"强"与"弱"，只是相对的概念。

119 反对利他主义

我了解，许多人有一种强烈的冲动，渴望获得一种全新的功能。他们全力以赴，对他们所能获得的功能极为敏锐，在这类人中，有些女人把自身转变成某个男人的功能，进而成为他的钱包、他的念头、他的社交活动。这些女人竭尽所能将自身插入另一个性质不同的有机体内，如果不成功，她们就会焦急、恼怒，并将自身吞没。

120 灵魂的健康

有一项著名的医学道德信条，开奥斯的阿利斯顿所立："灵魂健康就是美德。"我们应该改为："你的灵魂健康，你就拥有美德。"事实上，没有一样东西是健康的，想以这种方式界定一切的努力最后均将遭失败。进一步来说，你必须知道自己的目标、能力、动机、心灵中各种奇妙幻想，以便了解自己的身体究竟有多健康。

我们有各种不同的健康形体，有些人极力想出风头、表现自己，有些人不了解"人类平等"的精义，更有许多人根本就对真正的健康一无所知。所以，此刻我们应当改变过去对健康和患病的那套观念，把各种特殊美德均涵盖在健康范围里。不过，有一点要注意，对某人健康，对另外的人或许反而不健康。

最后，这个大问题依旧存在：

我们是否可以不受疾病的影响，发展自己的美德？我们的自觉和求知行动是否并不一定要有健全或患病的灵魂。简言之，是否纯粹追求健康的意志就不是一种偏见与懦弱，这会不会是一种极为巧妙的野蛮和落伍？

121　毋庸争执的生命
我们应体、面、线、因、果、动、息、形式、内涵的要求，把自己安排在一个能适应的世界。若没有这些要求，无人能活，不过，这些要求未经证明。

生命毋庸争执，也许生命原本就是错误。

122　基督教中道德怀疑论的要点
基督教对启蒙运动有过极大贡献，并且教导了道德的怀疑论，以一种深刻有力的态度，以极大的耐心与巧思去非难与激怒。

它祛除了个人对美德的自信，这些美德造就了许多古代伟人，并将那些自认十分完美、且总以斗牛士的姿态高视阔步的凡夫俗子从地球上消灭净尽。当我们受训于这所持怀疑论的基督教学校，读到若干古人（譬如塞涅卡和伊壁鸠鲁）的道德著作时，会领受一种愉快的优越感，心中充满神秘的内在直观与洞察，对我们来说，就好像一个小孩在老者面前说话，我们就更明白美德是什么。

再者，我们曾把同样的怀疑论运用在所有宗教场合与经历中，诸如罪恶、忏悔、感恩、灵化等，"允许虫儿将洞穴掘好"，当我们阅读所有基督徒的著作时，会有同样微妙的优越与直观的感受。因此，我们对宗教的感受就更加深刻！

这正是我们好好认识他们与描写他们的时刻，抱持古老信念的虔

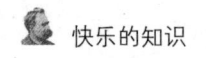

诚者已不存在，至少，为了知识，让我们保存他们的形象与典范。

123　知识并非只是工具

要是没有这种热情，科学会走得更远。事实上，科学也的确是在没有热情的状况下，茁壮成长至今。

对科学的诚信或偏好，支配着目前的现状，本质上的绝对偏向与兴致很少做自我揭露；科学并非一种热情，而是一种状态与"思潮"。事实上，人们抱着较多的好奇心和些许的虚荣心去适应它，它甚至能满足许多不知如何打发闲暇的人，他们不想一直读书、整理数据、观察和做记录，"对科学的兴致"不过是他们的无聊消遣。

教皇利奥十世曾经赞颂过科学，他指出，科学是我们生命中最大的声誉和荣耀，是一项既幸福又不幸的工作，最后他说："没了它，人类的理想就失去了坚固的基础，即使有它，人们依然感到不安！"不过这位相当倾向怀疑论的教皇也和其他教会里赞颂科学的神职人员一样，尽可能地压抑自己对科学的那份热衷，若是有人从他的话语中推论出值得注意的是"什么人热爱科学与艺术"，那么无论如何，只有礼貌地略而不提，"揭露真理"并且"拯救灵魂"，没有什么可与生活中的荣耀、声誉、娱乐和安全相比。

"科学是某种次级品，它并非绝对的，也和热情的情绪无关。"这个看法深藏在利奥十世的内心里，真正的基督徒应该关心科学！在古代，科学是没有什么赞美与荣耀可言的，即使最热衷的信徒，追求美德永远是第一要务，人们也认为，他们歌颂知识是追求完美人格的最佳工具，这本就是最高的赞美了。

知识要求并不只是一项工具，这在历史上是一个新的里程碑。

124　无限的范畴

我们将桥梁拆掉，将土地毁坏，登船离开陆地！

啊，小船呀！要小心！此刻你身处大海之中，虽然它并不总是白浪滔滔，有时也荡漾着金黄色的波光，静谧得有如柔和的梦幻。当潮水汹涌而至，你会感到大海浩瀚无涯；没有比"无限"更可怕的了。

噢，那自觉十分自由的可怜小鸟，现在开始要奋力挣脱这牢笼了！

啊，如果你染患了对陆地的思乡之病，仿佛在那里有更多的自由，那就不会再有"陆地"！

125　上帝存在的条件

"没有智者，上帝便无法存在。"马丁·路德[1]言之有理。但是，"没有愚者，上帝仍能勉强维生。"幸好路德没有这样说。

126　疯子

你是否听说过：

> 有一个疯子大清早手持提灯，跑到菜市场，不断地大喊：
> "我找到上帝了！我找到上帝了！"
> 四周的人均不信上帝，引起一阵骚动："怎么搞的？他失魂了吗？"其中一个说道。
> "他是不是走错路了？"另一个说。
> "还是他迷失了自己？他害怕我们吗？他在梦游吗？"人们议论纷纷，哄然大笑。
> 这个疯子突然闯进人群之中，并张大双眼瞪着大家。
> "上帝到哪里去了？"他大声喊叫，
> "我老实对你们说，我们杀了他，你和我，我们都是凶手，

快乐的知识

但我们是如何犯下这件案子的？
我们又如何能将海水吸光？
是谁给我们海绵将地平线抹掉？
当我们把地球移到太阳照耀的范围之外，又该怎么办？
它现在移往何方？
我们又将移往何方？
要远离整个太阳系吗？
难道我不是在朝前后左右各个方向追赶吗？
当我们通过无际的空无时不会迷失吗？
难道没有宽阔的空间让我们呼吸休息？
那儿不会更冷吗？
是否黑夜不会永远降临且日益黯淡？
我们不必在清晨点亮提灯吗？
难道我们没有听到那正在埋葬上帝的挖掘坟穴者吵嚷的声音吗？
难道我们没有嗅到神的腐臭吗？
连上帝也会腐坏！
上帝死了！上帝真的死了！
我们杀害了他！
我们何以自解，最残忍的凶手？
曾经是这块土地上最神圣与万能的他，如今已倒卧我刀下，有谁能洗清我们身上的血渍？
有什么水能清洗我们自身？
我们应该举办什么样的祭典和庄严的庙会？
难道这场面对我们来说不会太过隆重了吗？
难道我们不能成为上帝，就算只是冒险一试？
再也没有比这件事更伟大的了，
我们的后人将生活在一个前所未有的更高尚的历史之中！"

说到这里，疯子静下来，举目望望四周的听众，听众寂然无声并惊讶地看着他。他将提灯掷在地上，灯破火熄。

"我来得太早了，"他接着说，"我来得不是时候，这件惊人的大事尚未传到人们的耳朵里，雷电需要时间，星光需要时间，大事也需要时间，即使在人们耳闻目睹之后，仍然需要时间，这件大事比星辰距离人们还要遥远，虽然他们已经目睹！"

同一天，那个疯子还跑到各个教堂吟唱，有人问他缘由，他总是回答：

"假如这些教堂既非上帝陵墓，也不是纪念馆，那么，究竟是什么玩意？"

127　反对基督教

决心反对基督教已经不是我的动机，而是我的兴趣。

128　危险的果断

基督徒要揭发这个世界的丑恶与败坏的决心已经造成这个世界的丑恶与败坏。

129　神秘的诠释

对神秘的诠释被视为相当深奥的，其实那些诠释者不过是做一下肤浅的表面的探究工夫。

130 基督教与自杀

基督教开始时,便将自杀的极度欲望当作权力的杠杆来运用,它提出两种自杀方式,并赋予他们最高的尊严与对来生的希望,以严厉的恐吓来禁止其他欲念。

不过,殉教者和苦行者的慢性自绝却被允许。

131 格言

一项难以避免的假设,人类必须经常倒退回顾,终比对某些非真实的信念,如基督教的信念的严谨信仰更有力量。毕竟,那是指一万年以后的事。

132 祈祷的价值

祈祷是为那些永远没有自己思想的人而设,对他们来说,灵魂的提升不可知,他们根本不在意。在神圣的处所、或生命需要获得平静与尊严的重要场合,这些人会做什么呢?他们不会扰乱安静,那些宗教创始人的智慧均已借着祈祷的信条而灌输给他们,就好像嘴唇的长期刻板工作,并配合一种记忆的努力,加上一套制服,依照规定的手、脚和眼所摆的姿态,形成一种固定模式;他们会像西藏人一样,口中喃喃不停地念着经文,或者像贝拿勒斯[2],人们一边掐指,一边低诵神的名号(如在读祈愿经文时,要念毗湿奴[3]的名号一千遍),他们也会一边数念珠,一边祈祷。

总之,他们都会在某个时间里全神贯注地做一件事,表现出一副坚忍的态度,祈祷模式完全是为那些一心想要提升自己的虔诚教徒的功德利益所设计的。不过,即使一连串庄严的字句和音声,呆板肃穆的礼拜仪式能有益于他们,他们还是会有烦恼。

就算这些少数人（在每个宗教里，真正诚笃的人毕竟少有）知道应该如何帮助自己，但在精神上贫乏的大多数则一无所知，若禁止他们喃喃祈祷，无异于剥夺他们的宗教。新教带来光明，那些宗教之所以会接受这种人，是因为他们在祈祷时会保持手、脚、眼，以及各个器官静止，使他们美化于一时，看起来更像个人！

133　悲观主义者成了受害者

当"玄秘"不乐于在实体取得上风，人们所犯已久的大错造成的后果就会暴露出来。佛教之所以能够传布到广大区域，就是因为印度人极端排斥的饮食习惯，以及因此而导致精神衰弱的结果。

也许近代欧洲人的不满是由"这是属于我们祖先的世界"所引起的，德国人在欧洲所做的尝试的影响，被整个中世纪取来吸收；而中世纪的黑暗也意味着欧洲的酒精中毒。

德国人对生命的抱怨，在本质上就等同于抱怨寒冷天气。

134　最古老的迷信余波

没有头脑的人会认为意志是一种操纵一切的东西，而意愿则是较单纯而可自明的，证之任何事都是如此；但是他却没有注意到问题的细节，只要是有意愿的感觉便可满足他，这不仅因为他倾心"因"与"果"观念，而且他也深信自己了解的"因"与"果"之间的关系。

意志对他而言，是一种奇妙的操纵力量，而相信意志有如"因"之于"果"，就等于相信了这奇妙的操纵力量。事实上，人们目睹任何事情发生，都会直觉地认为，意志产生了如"因"一般的"果"，而个人的意愿则隐在幕后操纵，机械论的概念不合他的胃口。

人类在绝大部分的时候只相信"人"，不会相信"物""力"

"质"等东西，因果观念已经成了他的基本信仰，并且施之于所有的世事之中。"绝无没有因的果"和"有果必有因"的定理可算是少数普通定理的一个归纳。

叔本华的假说"凡是存在的皆为有意志的东西"，已将原始神话抬置于王座之上，他似乎从来就不想解析意志，因为他和一般人同样深信所有意志作用当下即现、直接单纯。现在我提出如下主张来驳斥叔本华的说法：

第一，意志可以提升，痛苦和快乐的理念是需要的。

第二，痛苦和快乐时感受到的生命激扬之情，是对思维力的一种诠释，同时也时常在不知不觉之中控驭着我们，同样的激情也可以诠释为一种痛苦或快乐。

第三，唯有具备理性者才有快乐、痛苦和意志可言，但大部分生物均谈不上这些。

135 罪恶的起源

目前，在基督教普及或曾经盛行的地方，都能感受到一种犹太情结和虚假捏造，就整个基督教道德背景来看，基督教是企图将整个世界"犹太化"。它在欧洲的成就达到何种程度，可以极精确地追溯到古希腊精神：一个没有罪恶感的世界之中。虽然每一个时代与杰出的个人，都有过同化一切的意愿，但"只有当你悔改时，上帝才赐福给你"这句话却会让希腊人觉得好笑或生气。他们会说："只有奴隶才会有这种情愫。"

在这里，我们提出一个伟大、全能、充满仇恨的神，大家应该可以想象得到他的力量之大，任何伤害均不可能施及他的身上。每一项罪恶都是对敬意的贬损，对崇高的冒渎，悔改、谪降、在尘世中打滚，凡此皆是它的恩惠所系的全部条件，也因而回复了他那神圣的荣耀！如果伤害是因罪恶的不同方式引起的，如果一种深刻的邪恶是因罪恶才蔓延扩散的，这邪恶就会像疾病一样，攻击与勒死每一个人，它不会使渴求东方天堂的荣耀遭受困扰，罪恶就是对他的冒犯，而不是对人类的冒犯！

对那些曾受其恩惠者所犯的罪恶，他也会淡然视之。在这里神和人各自独立，相形之下，触犯后者的罪恶根本不可能，所有行为之所以会被蔑视，只是因为超自然的本性，而非自然原因。所以，那种乍看之下，并不起眼的犹太情结，却很不简单。

另一方面，希腊人也普遍都接受"罪恶有其尊严"的思想，譬如普罗米修斯就是一个例子。由于他们将尊严归结于罪咎的需要，就创造了悲剧，一种艺术与欢乐，最深刻的本质，犹太人仍感陌生，纵使他有诗情的天赋和对庄严的喜好，也不能例外。

136　选民

犹太人认为，自己是这个世界上唯一的选民，他们天生有高度的道德感（他们比别的民族更具人类的自卑感）。犹太人对君王和圣人均怀有一种狂热，就好像法国贵族对法皇路易十四的狂热一样，由于这份狂热，贵族们甘心忍受君主的专制独裁。

为了要祛除这种感受，祛除这种不对等的效忠，便需要效忠的权威和充分的权力，就有专为贵族而设的登龙捷径。利用特权他们得以在宫廷里提升自己的地位，并从高高在上的地位上俯视一切，俯视能忍受的一切，而不会有任何良心上的不安。他们有计划地逐渐搭高效忠的权力之塔，直至耸入云霄，再将自己的权力的盖顶石安置上去。

137 比喻

耶稣基督只可能在犹太人的图画里出现,在他们的图画中老是布满耶和华震怒的幽深的雷云。从阴暗可怕的黑幕里透出些许微弱光芒,那是"爱"的奇迹,也是最不恰当的"慈悲"的微笑。只有基督能梦想它的彩虹和天国的梯子,顺着梯子,上帝降临人间。然而,在别的地方,晴朗的天气与太阳很平常,不足为奇。

138 基督的错

基督教的创始人认为,没有什么比人类的罪更能令人类罹受如此大的痛苦的了,其实他错了,错在他认为自己没有罪,他缺少这方面的经验。在他的心中充满了对子民烦恼的极大同情与怜悯,而发明罪的人本身当然不会有什么大烦恼!

基督教徒后来终于知道该如何表现他们教主的正义,并将他的错误净化为"真理"。

139 情欲的色彩

即使像使徒保罗[4]那样的人,对情欲也以邪恶视之。他们从学习中,只知道在自己身上有着不洁、偏见和不完整的心灵,他们的目标就是对情欲做一番剖析,而在神的身上,他们也看到了完全净化的情欲。

希腊人则和保罗及犹太人不一样,他们先标出自己的理想,然后顺着理想很正确地发挥情欲,并且珍惜、提升、美化、崇拜。很明显,他们在情欲中所感受到的,并不只是自身更加快乐,更加纯洁神圣。

而现在的基督教徒呢?他们是否希望在这方面变成和犹太人一样?他们是否可能变成犹太人呢?

140　太过于犹太的

如果上帝想成为一个爱的对象，就必须先放弃审判与正义，即使是仁慈的审判也不能成为爱的对象。

基督教的创始人对做一个犹太人的美妙感受揭示得太少。

141　太过于东方的

什么？神爱世人，如果世人信他，而对不信他的人投以威吓的眼光。

什么？一位全能的上帝对世人的爱竟然是有条件的爱！

爱甚至并没有支配崇敬的心与报复的意念！

这一切是多么东方式！

"如果我爱你，与你又有什么相干呢[5]？"

这句话可算是对整个基督教一个很够分量的批判了。

142　乳香

佛陀说："不要阿谀给你施舍的人！"

让我们把这句话拿到教堂里复诵一遍，那将立刻使教堂里面的气氛净化。

143　多神论的最大效用

个人揭示了自己的理想，并从中引出自己的规则、快乐和权利，因此就被视为人类最可怕的离经叛道和对自身的盲目崇拜。事实上，少数如此甘冒不韪的人，总要为自己辩护一番，他们通常都以这种口气："不是我，不是我，是上帝，我只是他的媒介！"唯有在上乘艺术与创造上帝的立场中（如在多神论的教义里），这种意念才获得解放，变得纯洁、完美和高贵，它本身就是一种普通而不重要的冲动，类似顽强与嫉妒。

反对意念倾向个人的理想，这是每个道德观念的首要规则。

只有一个规范："人"，而每个人也都相信有这么一个规范，并且是最高规范。但，若能撇开自身，从一个客观角度来看，我们会发现更多的规范，一个神不能否认或冒渎另一个神。在这里，个人第一次被承认，个人的权利也第一次受到重视。对上帝、英雄、各种超人、平凡的人，以及在人之下的诸如妖精、半人半兽与魔鬼等的创造，正是辩护个人主权与自私的最佳前导，敬重诸神的自由最后也被用在个人对法律、习俗和邻人的尊重上。

相反，一神论，坚信只有一个真正的人类教义，导致只有一个神的信念（除了唯一的真神，其余的神都是伪造的），这种论调也许曾对过去的人类造成极大危险，人类曾遭受惰性过于发达的威胁，此刻我们看得出来，许多动物很久以前就受到这种威胁（退化），那些动物在它们的类群之中，都只相信一种真正的动物或典范，并且很坚决地将它们的习俗道德转变成自身的一部分。

在多神论的教义里，已经为人类的自由思考与多向思考建立了一个榜样：使自己新生的力量永远是更新颖、更个性化的。只有人类适用这个榜样，若就动物来说，它们是不会有远景和希望的。

144　宗教战争

人类历史上最大的一个跃进，便是宗教战争，它证明了人类已经虔诚地处理事物的概念问题。当人类的理智普遍地被各教派间敏锐的争论洗炼后，就引发了宗教战争，而一般民众也变得心思细密起来，即使琐碎小事也看得很重，并且很认真地以为这是可能的："灵魂的获救"也许就在这一念之间。

145　素食主义者的危险

食用白米饭普遍推广,已迫使大家不得不服食鸦片和镇静剂,如同食用马铃薯盛行迫使大家猛喝白兰地一样,凡此皆造成一种敏感的后遗症,思想和感觉均陷于麻木模式。

这有点像那些促使思想和感觉变成麻木模式的人,譬如印度的经师们,不但食素,而且还想使食素成为大众规则,他们想因此扩增自身所渴望满足的需要。

146　德国人的希望

我们不要忘记,人类的名称通常是耻辱的代号。如"德意志人"本来的意思是"异教徒",这是哥特人在经过一番转变之后,对大部分未经受洗的同族部落的称呼。根据他们所翻译的旧约圣经指出,"异教徒"在希腊文中的本字,是指"民族"。

要从因成为欧洲第一个非基督教国家而招致的耻辱旧名称中,重建德国人的光荣名号是可能的,对这个目标,叔本华已给予极高认定。马丁·路德的工作也将因此完成,他曾引导德国人反对罗马教皇的权威,并对他们说:"这就是我!我不能又是别的!"

147　问题与答案

野蛮民族从欧洲人那里首先接受的是什么呢?白兰地和基督教,欧洲人的麻醉剂。

又用什么手段使他们迅速没落?欧洲人的麻醉剂。

148　宗教改革的起源地

正当全欧洲的教会陷于极度腐败堕落时,德国教会感染最微少。所以,德国就成了宗教改革的发源地,这就表示即使腐败才刚开始,也让人无法忍受。

比较说来,没有哪一个民族比马丁·路德时期的德国人更像基督徒,他们的基督教文化正如娇媚艳丽的花朵含苞怒放,虽然为时甚短,只有一夜光景,但那夜带来的风暴却结束了一切。

149　宗教改革的失败

希腊人始终无法建立自己的新宗教,这证明他们的高度文化在很早的时期便已具备;并且,那时候的人皆各有自己的思想,他们以不同的信念与希望的处方,来治疗个人苦恼。

毕达哥拉斯和柏拉图,恩培多克勒和更早的奥斐斯教的狂热信徒等,他们均渴望建立一个新宗教,而前两人也都具有开宗立派的能力;我们用不着对他们二人未能成功惊讶,他们只是刚接触到开宗立派的堂奥。每次全民宗教改革运动失败,而唯有宗教派系抬头时,我们可以断定,在群众里必然有许多典型的人物,要从愚钝的群体本能、道德与习俗中求得自我解放。

马丁·路德宗教改革在北欧获得成功,显示出和南欧相比,北欧一直在倒退,且依然要求生活必需品种类与色彩一致。如果南欧旧世界文化未被德国蛮族逐渐蛮化,欧洲也不至于完全基督教化。因此,北欧也就失去了它的优越。

倘若个体愈加普遍与不受限制,个体思维善于运用,则对那些较单纯且程度较低的群众愈能发挥一定影响。而当"反奋斗"背弃内在的"反需求"时,它同时也会使自身获得满足与实现。反之,当强有力的、野心勃勃的自然只能带来一些有限褊狭的影响，人们就会一直阻碍文化的提升，这在各种艺术和知识的领域亦然。

只要有统治的地方就有群众，而有群众的地方就需要束缚；但是，有束缚的地方，独立个体就不多，而且会有群体直觉与意识跟个体对立。

150　对圣者的批判

难道人一定要以最残忍卑鄙的方式取得一项美德？一如同样有欲望与需求的基督教圣者，他们之所以忍受生命，就是认为他们的美德能令人感到自卑。

产生这种影响的美德，我称之为残忍卑鄙。

151　宗教的源起

纯粹形而上的需要并非是宗教的肇因（叔本华所主张的发端是后来的事）。在优越的宗教思想笼罩之下，我们已习于接受"另一个世界"的理念，并且经由对宗教幻觉的分析常常会有一种难过的空虚与缺乏感。

"另一个世界"再度从这种感觉中产生，不过，这时候它纯粹只是一个形而上的世界，而非宗教的世界。至于一般所得到的"另一个世界"的假设并非出自冲动或需求，而是在解释某种自然现象时导致的一项错误，也是知识分子无法突破的难处。

152　最大的改变

一切的光彩和色泽都改变了！我们已无法了解早期人类如何理解日常中最熟悉、接触最频繁的事物，譬如，早上睡醒，是由于他们对梦的觉醒有不同的看法。整个人生也是一样，透过对死亡与其意义的思索，会发现，我们的"死亡"是一种全然不同的死亡。上帝照射在一切事物上的光彩均不一样，所有决心和对将来的展望都是这样，人们有得到神谕和神秘的启示，且相信预言。

对"真理"，人们则以另一种极为不同的态度接受，较早的时候，疯子曾被视为它的代言人，一件常会令我们悚然或发笑的事。至于不公平，又造成另一种感受，人们并不只是害怕法律的惩罚与受到耻辱，更怕上天的报应。

其实，在人类信仰撒旦的时光，有过多少欢乐，当人们看见魔鬼就在身旁时，也曾有过几许激情；当怀疑被视为一种最为危险的罪恶、对永恒之爱的侮辱，以及对一切善良、纯洁、崇高与仁慈的不信任时，又曾有过怎样的哲学啊！

我们不断刷新有色彩的一切，但是和从前大师们（我是指古人）壮丽而叹为观止的色彩比起来，我们又达到了什么样的成就？！

153 诗人

是我自己将那些独立完美的悲剧造成悲剧；也是我，第一次将存在道德的困惑搞得一团混乱，并把它们打成死结。因此，只有上帝才有办法解开了，贺拉斯如此祈求！

为了道德，我已经在第四回合的行动中，杀死所有的神与上帝！

接着在第五回合里我该做什么呢？

我将去何处求得悲剧的开解，现在我是否一定要想出一个喜剧的收场？

154　另一种危险的生命

你根本不知道自己的经验和感受，只是在迷迷糊糊地虚度生命。沉迷陶醉，你仍未从美梦中醒来，你的肌肉无力、神志不清，无法找到结实的阶梯！生命是一个更大的危险，我们是玻璃做的，啊，我们是否该把一切打倒！如果我们跌倒，一切都完了！

155　我们的欠缺

我们喜爱大自然的壮丽，并将它揭露在我们面前，在我们的心灵中缺乏人类的崇伟感，希腊人却恰恰相反，他们对大自然的感受和我们大不相同。

156　最有力的人

一个人若要和他的那个时代相抗衡，并将其阻挡在历史门外要求有个说明，那非得全力以赴不可，他是否希望尽力并不重要，关键在于他能。

157　说谎

他自省：他随时准备说谎。

这里是整个世界文明的一个大舞台，只要想一想罗马人以诈欺所表现的成就。

158　不自由的特性

对一切事物探究到底是一种不自由的特性，它使人一直张大眼睛盯着，如此，最后总会发现不少希望。

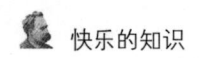

159　美德有其时尚

他的诚实,常会令现在顽固的他后悔不已,顽固是时尚的美德,它和曾经流行的诚实不一样。

160　与美德交媾

我们也可以对美德不礼敬与谄媚。

161　致时代的崇拜者

弃逃的神父和获得解放的犯人,都一直在做鬼脸,他们所期望的是不含过去的一瞥。

你可曾见,那些知道从自己的一瞬可以反映出未来的人,以及对你,"时代"(他们认为是不含未来的一瞥)的崇拜者,谦恭有礼的人?

162　自我本位

自我本位,是我们心境的视角法则,根据这项规则,距离近的东西就要显得大一点,较为重要,距离远的则其尺寸就要缩小,重要性也要下降。

163　胜利之后

胜利所带来的最好的事,莫过于解除胜利者对失败的恐惧感。

"我何不去尝试一次失败?"他自言道,"我现在已有足够的能力接受。"

164　寻求静息的人

我了解因被黑暗围绕而寻求静息的人,想睡觉的人都是先使寝室黑暗，或者直接钻进洞穴里去。

给那些不知道而又想知道最须追求什么的人一个暗示！

165　舍弃的快乐
曾经完全舍弃某些东西很久的人，差不多可以想象一种极大的快乐，意外地再度遇到自己发现过的东西是每个发现者都会感到的快乐！

我们要比在阳光下躺得太久的蛇更聪明！

166　在属于自己的社会中
在天性与历史各方面均和我相接近的一切，不断地向我诉说、赞美我、安慰我、激励我；其他的我都没有听到，听到也立刻就忘掉。

我们只能生活在自己的社会里。

167　厌世与博爱
我们对某些人无法了解与接受时，就认为他们有病。厌世是过于渴望博施济众与"同类相残"所导致的结果，但是，谁叫你把人类当作牡蛎般地吞食呢，我的汉姆雷特王子？

168　关于病人
"他的情况很糟糕！"

怎么回事？

"他渴望得到赞美，却发现无以维持而烦恼。"

简直不可思议！整个世界都在尊崇他，不仅在行动上，而且也以言辞向他致敬！

"当然，不过他听不清赞美的声音。当朋友赞美他时，在他听来，就好像那个朋友在赞美自己；当敌人赞美他时，在他听来，又好像敌人在要求得到同样的赞美；最后，当其他人赞美他时，他就会生气，他们既不和他做朋友，也不与他为敌。他会说：'我管那些人做什么，当正义站在我这边时，他们仍然对我故作姿态！'"

169　公然的敌人

在敌人面前所表现的勇敢是勇敢本身，一个人很可能虽有勇气，却依旧是个懦夫或者优柔寡断的傻子。

拿破仑对他认为的"最勇敢的人"穆拉特的评语是：公然的敌人对某些人来说不可缺少，若是他想成就美德、英勇和喜悦的话。

170　跟随群众

一直跟随着群众的人，当然也是群众的赞颂者，但是，有一天他会成为群众的敌人！因为他跟随群众，是由于相信他的懒惰会得到好处，但是他没有想到，群众还不至于像他那么懒惰！群众一直向前，不允许任何人站着不动！而他喜欢站在原地不动！

171　声名

当许多人对一个人的感激之情赶跑了所有的羞耻心时，声名也就诞生了。

172　嗜好的误解者

A："你是个嗜好的误解者，大家都这么说！"

B："当然，我从团体的角度观察，误解了每个人的嗜好，没有一个团体会原谅我这么做的。"

173　真正博学与故作博学
知道自己学识渊博的人,力求学问清晰明白,而想在大众面前表现自己很博学的人会将学问弄得晦涩难懂。大众对见不到底的东西都一致认定为深奥莫测,他们如此胆怯而极不情愿地步入水中。

174　离异
议会政治,也就是指众人在五个主要的政治意见里做选择,并巧妙地巴结各阶层中显得独立、有个性而且喜欢和他们的意见作对的人。总之,不管是一个人的意见压制众人的意见也好,还是众人接受那五个意见,只要他与这五个意见背道而驰,众人就反对他。

175　关于雄辩
迄今为止,可曾有过令人心悦诚服的雄辩?
咚咚的鼓声,只要国王们在下令时有这个法宝,他们必会成为最佳雄辩家与群众领袖。

176　怜悯
可怜的统治者、小邦的诸侯们!想不到他们的权力到现在竟然变成了请求,这些请求听起来又仿佛是借口!假如他们一味地说"我们"或者"我的子民们",那个讨厌的古老欧洲就会发出笑声。一个现代世界的司仪会尽使小场面和他们合而为一,也许他会宣称"君主要服从暴发户"。

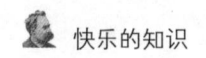

177　论教育

在德国，正缺少一种适合于较高水平的人的重要教育方式，是以成了较高水平的人的一个笑柄，但是这些人并不在德国境内笑。

178　致道德启蒙运动

德国人说话，题材皆离不开靡菲斯特以及浮士德[6]，这代表两个反对知识价值的道德偏见。

179　思想

思想是我们心境的影子，总显得暧昧、空虚和单纯。

180　自由人的风光

自由人即使对科学也采取放任的态度，他们也被允许如此做，只要还有教会存在！

迄今为止，他们还算很惬意。

181　带头与跟从

A："只要两个人在一起，不管他们是什么命，一定是其中一个带头，另一个跟从，而前者在德行与知识方面也优于后者。"

B："还有呢？还有呢？你那些话可以用在别人身上，却不适合我，也不适合我们！"

182　离群索居

当一个人独处的时候，说话不会太大声，写字也不会太大声，他害怕空洞的回响，艾可女神[7]的批判。

孤独的时候，一切声音听起来都觉得不一样。

183　美好将来的音乐
对我来说，第一流的音乐家应该只知道最高快乐的哀愁，而不知其他哀愁。迄今为止，还没有这样的音乐家出现。

184　正义
一个人宁可听任被抢，也比和一群稻草人在一起的好，这是我的感觉。而在任何情况之下，那也仅仅是一个感觉，没别的！

185　贫穷
现在他贫穷了，但并非由于失去一切，而是因为舍弃一切，还有什么好挂念的？他已习惯寻找新事物。

那不知道自己缺乏自由之意志的人才是真正的贫穷。

186　惭愧
他所做的一切都很杰出，而且恰到好处，不过他仍然十分惭愧，因为例外与特殊原本就是他的工作。

187　无礼的表达
这位艺术家表达其非常出色的理想的方式让我很不高兴。语气激烈，漫无边际，并且又是用如此粗鄙与夸张的手段，好像他是在对一群无知群众说话似的。当我们研究他的艺术作品时，不免有"和粗鲁的人在一起"的感觉。

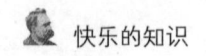

188 工作

工作与工作者多么接近，即使在我们最为空闲的时候！

忠实谦恭的话："我们都是工作者。"

甚至在法皇路易十四的宫廷中也被视为一种讥刺与猥渎。

189 思想家

他是一个思想家，那也就是说，他比一般人更能简单扼要地掌握事物。

190 面对赞颂者

A："只有相匹敌的人才可以互相赞美！"

B："是的！"不过当那个人赞美你时，会说："你是我的对手！"

191 反辩护

要破坏理由的最不诚实的态度就是故意用谬误的争论来为自己辩护。

192 好人

能区别脸上绽放慈祥光辉的好人和其他人的是什么？

在一个新人面前，他们悠然自在，很快他也心醉倾倒。

因此，他们希望他好，第一个念头是："他令我高兴"，接着而来的，是吞并的期望和拥有的喜悦。

193 康德的玩笑

康德想做一项证明，用一种方法使"每个人"沮丧失望，而那些"每个人"事实上并没有错,这是康德的一个秘密玩笑。

他写文章反对有学问的人,支持一般人的偏见;不过,他的文章是写给有学问的人而不是给一般人看的。

194 "心灵开放"的人
那种人的行为可能都发自潜在的动机,因为在他嘴边和伸展的手上总有可以传达的动机。

195 可笑的
看啊!看啊!

他从人群中跑开,大家跟在他后面,只因为他跑在大家的前头。

他们真是群居性的动物!

196 听觉的极限
我们只听闻那些可以找到答案的问题。

197 小心
人们不见得喜欢彼此沟通,宁可隐藏秘密。

198 骄傲者的苦恼
骄傲的人甚至对助他前进的人恼怒,他很生气地看着他马车的马。

199 大方
慷慨大方往往只是富人胆怯的一种形式。

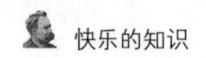

200 笑
笑是指幸灾乐祸，不过却是问心无愧。

201 喝彩
在鼓掌喝彩的时候总有一些噪音，即使是自己对自己喝彩。

202 挥霍者
他计算过自己的财产，知道自己还是个并不穷的富翁；他像挥霍的自然之神一样，毫无理智地挥霍他的精神心灵。

203 愚人急中生智
平常他是个没有心思、不用头脑的人，但是往往会在意外场合中想出一些坏点子。

204 乞丐与礼貌
"遇到没有门铃的时候，用石头敲门很没礼貌"，所有乞丐和穷人都这么想，却没有人认为他们这样想是对的。

205 需要
人们都以为，需要是一切事物的原因，然而事实上，它往往只是事物的结果。

206 雨中沉思
下雨了，我想到穷人们彼此以毫不隐藏的关怀拥挤在一起，他们随时都准备并渴望将痛苦分给彼此，这样，即使在恶劣的天气条件下，也可以有想象自己是值得同情的快意，这是穷人的真正贫困。

207　嫉妒的人
这是一个嫉妒的人，他并不想要孩童，他嫉妒他们，因为他已无法再成为孩童。

208　伟大的人
某人是个"伟大的人"，但是我们不能贸然论定他是一个人。
也许他只是一个儿童，或者是所有时代的善变者，或者是令人迷惑的女孩。

209　一种寻找理由的模式
有一种寻找理由的模式，它不仅能使我们忘掉最好的理由，同时也能引起我们对理性的普遍厌恶与唾弃，一种非常麻木的质问模式，而且是专横之人的手段！

210　勤奋的节制
一个人不可期求他的勤奋凌驾于父亲之上，那会造成一种病态。

211　秘密的敌人
要随时保有一个秘密敌人，这是最高尚的人的道德也很少提供的一种奢侈。

212　不要让自己受蛊惑
他的精神萎靡，老是如此急躁，而且说话结结巴巴，没有耐性，

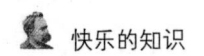

因此很难察觉到存在于他灵魂之中的深呼吸与宽大的胸腔。

213　幸福之路

一位贤者问傻子寻求幸福的方法，傻子毫不思索地回答，就好像人家在问他去邻镇的路似的："赞美自己，而且要住在街上。""等一下，"贤者喊道，"你要求得太多了，那些已足以让你赞美自己！"傻子回答："但是一个人，又如何能永远免于自卑，赞美自己呢？"

214　有信即得救

美德，只赐给对它有信心的人们快乐和幸福，而不赐给对它抱持严谨怀疑态度的高尚之士。

简而言之，这就是所谓的"有信即得拯救"！请看仔细，并非美德得拯救！

215　理想与物质

你有一个高贵的理想，你是否高贵得足以建立一个庄严神圣的形象，丝毫不显出粗俗的斧凿痕迹，这是对理想的一种冒渎与不敬？

216　声音的危险

极大的声音，无法使敏感精巧的东西产生回应。

217　因与果

在果的面前，人们总是只相信果以外的其他的因。

218 我的反感

我不喜欢那些人，他们为了制造影响，总像炸弹似的引爆，而在他们周围的人便有突然失聪之虞，或者更严重。

219 惩罚的目的

惩罚的目的是要改进主持惩罚的人，这是为惩罚辩护的人的最高诉求。

220 牺牲

牺牲者对牺牲与奉献的看法和旁观者不一样，但是人们从不允许他们表达看法。

221 体谅

父子彼此之间的体谅往往胜过母女彼此之间的体谅。

222 诗人与骗子

在骗子看来，诗人都是"有奶便是娘"的家伙；而诗人也着实可怜可鄙，甚至不能无愧于心。

223 感官的替代

"我们也用眼睛来听，"一个耳聋的自白者说，"在盲者之间，耳朵最长的便为王。"

224 动物的批判

我害怕动物把人当作和它们一样的生物看待，并且因正常动物的

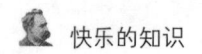

误解导致严重危险，也许它们把人看作是一种荒谬的动物、可笑的动物、不幸的动物。

225 顺其自然的人

"邪恶一直有很大的影响力，而自然便是邪恶！让我们成为邪恶吧！"如此私下推断追求有影响力的大人物，往往把他们过分地抬举成伟人。

226 怀疑者与其风格

假如人们心向着我们、相信我们，我们就可以用简单扼要的言辞来叙述一件最激烈的事。从另一方面来说，怀疑者用强调的语气表达，便会使事物鲜明有力。

227 谬论

他无法控制自己，所以女人就断定能够很容易控制他，并且脱离她的行列而去追他，可怜的人啊，在短时间内将成为他的奴隶。

228 仲裁人

他企图调解两个坚决果断的思想家，正是所谓的仲裁人；但是，他无法看到特立独行之人独特的一面，感觉近似与相同均是眼力不够的信号。

229 固执与忠诚

因为固执，他很快就掌握到由可疑变成明显的"动机"，他说这是一种"忠诚"。

230　缺少含蓄
他始终不能有所觉悟，他对自己所实践的善行从未保持缄默。

231　努力用功的人
理解力迟钝的人总认为迟钝能形成知识的一部分。

232　人生如梦
我们若非完全在梦中，便是以一种有趣的态度在做梦。因此，必须学习在潮流中保持清醒，若非如此，便付之一种有趣态度。

233　最危险的论调
此刻我所做的或忘了去做的，均和过去的许多大事一样，有如将要来临般重要！以深广的透视法来观察结果，所有行为都同样伟大或者渺小。

234　音乐家的自我安慰
你的生命并未探入人们的耳朵，对他们而言，你虚度了无言的一生。所有美妙的旋律、所有跟从或领导的狂热决心，都对他们隐藏起来。

要弄清楚，你并不是随着军乐在街上游行，不过那些善良的人没有权利说你的人生缺乏音乐。让有耳朵的人来听吧。

235　气质与性格
有一些人极力将他的性格表现得十分高贵，但在气质上却并没有相对地提升，另一些人则相反。

236 推动群众

对想要推动群众的人而言，他是否根本不需要舞台来展现自己？他是否应该先不将自己表白得过于明显？在粗俗与单纯的时潮中蛰伏待机，才将个性与动机整个公开？

237 有礼的人

"他真有礼貌！"——是的，他随时都带着要贿赂塞伯勒斯[8]的小礼物；然而却又如此胆小，以致把每个人，甚至你和我均当成是塞伯勒斯。这就是他的"彬彬有礼"。

238 没有嫉妒

他完全没有嫉妒之心，但不能认为这是优点；他想要征服尚未有人占据过，甚至大家都看不到的领域。

239 不快乐的人

一个不快乐的人，足以使整个家有如阴云密布，郁郁寡欢；只有靠奇迹才能使这种人绝迹！

快乐却不是那样的传染病，这是怎么一回事？

240 在海岸上

我不想为自己构筑房子，若有必要，我还是会构筑，就像许多罗马人一样，将房子盖在面对大海之处，我非常愿意和美丽的收藏品共享秘密。

241　艺术家与作品
这个艺术家除了野心勃勃之外什么都没有，他的作品只不过是一面放大镜，提供给每个人从各自角度去观看。

242　属性
不管我对知识如何贪恋，除了原本就属于我的之外，我无法吞并其他任何东西，那些东西有别人的属性。

一个人怎么可能成为小偷或强盗呢？

243　"善"与"恶"的源起
他只能设法改进让我们能感觉的"这是不好的"。

244　思想与文字
我们无法用文字将自己的思想完全表达出来。

245　以选择来赞美
艺术家选择的主题是他赞美的模式。

246　数学
我们要尽量以各种可能的方式而非抱持"我们应以这种方式来理解"的信念，将数学的精炼与严格带进所有的学问里。

数学只是我们追求普遍与最高人类知识的一项工具。

247　习惯
习惯使我们的双手伶俐而使头脑笨拙。

248　书籍
为什么没有一本书能让我们为它而舍弃其余所有的书？

249　知识寻求者的感叹
噢，我的贪婪，以这种心灵来看一切，没有我不感兴趣的，除了整个欲望本身。透过许多个体，它很乐于看到一切如同亲眼目睹一般，并且就像亲手抓取什么一样。

自我唤回了整个过去，并且不想失去任何属于它的一切！噢，我的贪婪之火！我将从千百个体中再生！

250　罪恶
虽然大多数有识之士，甚至女巫，都认为巫术是一种罪恶，但罪恶并不在那里。

因此，它和所有罪恶在一起。

251　误解受苦者
伟人所受的痛苦和其崇拜者所想象的迥然不同。在某种濒于罪恶的时刻，他们为了和卑鄙与褊狭的人格挣扎而受的痛苦则更加厉害；简言之，这痛苦乃是来自他们对自身人格的伟大有所怀疑，并非来自因职责的需要而所作的牺牲或殉难。

只要普罗米修斯[9]是着实同情世人，为世人牺牲自己，他就必然为自己感到骄傲与快乐。但是他要在宙斯的记恨与世人的敬爱之间，饱受煎熬了。

252　宁可欠债

"我们宁可欠人家钱,也不要把没有注明印记的钞票付给人家!"这是我们的所有权最喜欢的作风。

253　浪迹如归

有一天,我们终于到达目的地,我们会为自己曾付出的长途跋涉深感骄傲。

事实上,我们并没有察觉到我们是在远行,我们应该养成一种不管到何地,都视如在家一样的习惯。

254　排除困窘

始终全神贯注的人能免于一切困窘。

255　模仿者

A:"什么?你不希望有模仿者?"

B:"是的,我不希望人们跟我学步,而希望每个人都能走在他自己前面。"

A:"所以——?"

256　表皮

境界高的人,懂得模仿飞鱼,及时行乐,在浪头之上嬉戏;他们认为一切最好的都在事物的表面,在它们的表皮。

257　亲身体验

一个人往往不知道自己有多富有,直到他从经验中悟知,富人甚

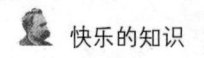

至可将窃贼玩弄于掌上。

258 否认机遇的人
没有一个征服者相信机会。

259 远离乐园
"善与恶,皆是上帝的偏见。"蛇说。

260 一加一
只有一个人的话,总被认为是错的,真理始于两个以上的人,因为只有一个人不能证明自己是对的,而若是有两个人便已毋庸辩驳。

261 原创力
什么是原创力?

观察尚未被命名、被大家目睹却无法指出为何物的东西;人们往往都是被引导的,唯有名称才能使一件东西成为"可见的"。

富有创意的人大多也是事物的命名者。

262 永恒的见地
A:"一旦你退缩于生活之外,他们就会将你淘汰!"

B:"那是分享死人特权的唯一方法。"

A:"分享什么特权?"

B:"无须死亡。"

263　无关虚荣

当我们在恋爱，总想尽量隐藏自己的缺点，这不是由于虚荣，而是担心所爱的人会苦恼。恋人都想表现得像个上帝，这和虚荣无关。

264　我们的行为

除了赞美与责备，我们永远不知道自己在做什么。

265　至高无上的怀疑论

人类的真理究竟是什么？

是人类无可辩驳的错误。

266　需要冷酷的地方

伟大的人对低劣德行的见解也是冷酷无情的。

267　高瞻远瞩

志存高远的人不仅要超越他自己的行为和判断，甚至也要超越公正本身。

268　什么造就伟大的英雄

去同时面对人类最大的痛苦和最高的希望。

269　你相信什么？

我相信：一切价值都必须重新评估。

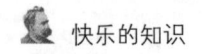

270 你的良知在说什么?

"你要成为你自己。"

271 你最大的危险是什么?

同情。

272 你还喜爱别的什么?

我的希望。

273 你认为谁较坏?

老是使别人感到羞耻的人。

274 你认为什么行为最具人性?

使人不感到羞耻。

275 什么是自由的保证?

不再对自己感到羞耻。

注释

1 路德(1483~1546),德国神学家,中世纪的宗教改革者。

2 贝拿勒斯,印度北部一城市,临恒河,印度教圣地。

3 毗湿奴,印度教三大天神之一。

4 保罗,耶稣大弟子,十二使徒之一。

5 这话的意思是说,真正的爱并不要求互惠,英译注。

6 靡菲斯特和浮士德,皆是德国传说的人物,前者是魔鬼,后者是把灵魂卖给魔鬼的男子，后来歌德即根据这个传说写成《浮士德》一书。
7 艾可女神，希腊神话中住在森林的女神，因爱上纳齐苏斯而遭冷落，其哀叹声留在山间成为回声。
8 塞伯勒斯，希腊神话中，在冥府看门的狗，蛇尾三头，长年不眠。
9 普罗米修斯，希腊神话中的天神，因为从天庭盗火给人类而被天神宙斯绑在高加索山的岩石上，让老鹰啄食他的肝脏。

卷四

276　新年有感

我依然活着，我依然在思考；我必须活下去，我必须思考下去。"我思，故我在。"笛卡儿如是说。

今天，每个人都随意表达他的愿望和挚爱的构想，当然，我也要衷心地提出我对自己的期许，以及今年初次在心中引起的构想，这些构想是我未来生活的基础、誓约和调味品。我要像追求美一样，更深入地理解一切事物不可缺少的特性，我也要成为美的事物之一，成为我今后的所爱！

我不想从事丑陋的战争，也不想控诉什么，甚至不控诉控诉者。不要看我，让那成为我个人独自的否定！总而言之，我希望从现在开始，不管何时何地，我只是一个肯定者。

277　个人的上帝

在生命里，有某个极点，在那里，尽管有我们一切的自由，有美丽的混沌中的原始理性和善念，我们仍旧处在知识领域的险境中，必须面对最艰难的尝试。

此刻，由于"个人的上帝"的概念，初次以最大的说服力将自身呈现在我们眼前，同时有最佳的倡导者支持它，当它明朗化，我们接触的一切便都成了求得至善至美的努力。每时每刻的生活似乎就只在渴望这种境况日新月异；一切都随它去，不管是好是坏，朋友、疾病与毁谤会造成损伤，遗失信件，扭伤脚，对商店橱窗一瞥，一场激烈的争论，一本书，一个梦，一个迷惑的肇始，凡此种种，均会立刻显现出来，就像某些"不可缺少"的东西，它充满了极深的意义，对我们着实有用！

祛除我们自身对伊壁鸠鲁的上帝，对某些不安而平庸之神的信念，会是一项更危险的考验吗？谁能知道自己头上的每一根细发？谁不对巧言令色感到厌恶？尽管如此，我们还是要撤掉上帝，抛弃经济实用的天才，满足自己的假设；我们本身对每个事务的解释与安排在理论和实际的运用上已经达到相当纯熟的地步。

但是，我们也千万不要把自身智慧的灵巧想得太高，有时我们会对由玩弄我们的手段造成的美妙和谐大感惊讶，那种和谐太适合我们了，以至于不敢将它归功于我们自身。

事实上，常有人陪我们玩，那就是可爱的"机运"先生，他时而带我们起舞，即使是全能的上帝，也无法设想任何比我们笨拙的双手所能胜任的更好的音乐。

278　死亡的沉思

生活在这片混乱的街道、日常的必需品和噪音之中，我常感到一种阴郁的愉快。有多少享受、焦急和欲念，又有多少饥渴或酩酊的人生显现在此处的每一刻！对所有这些嘶喊、活跃、热爱生命的人，它很快就变得宁静！每个人的影子，黯淡的旅伴，总站在他后面，就像移民之船将要启航前的最后一刻；人们彼此之间有更多的话要说，时间分分秒秒在催促，孤独沉默的大海在吵杂的喧嚷声中已经等得不耐烦，对它的俘虏竟如此贪婪和肯定！

就整个生命的历程来看，如果说过去是一片空白，只是不值一提的小插曲，最近的将来就是一切。所以，就有这憎恨、哭泣、充耳不闻、自我扩展；大家都想在将来独占鳌头成第一流，而死亡与宁静则是未来可以肯定的事！这种对一切均普遍肯定的仅有之事是多么奇怪；预习，对人类丝毫没有作用，自认为是死亡的兄弟的人，离死亡最遥远！

看到人们一点也不想思索死亡的概念，我十分高兴；我乐于不厌其烦地提醒人们深切关注对生命的探讨。

279 昙花一现的友谊

以前我们是朋友，现在却形同路人。

我们不想公开或者隐瞒这件事，无论过去是否曾为此感到羞耻，但此刻我们应当仍有同样的感受。

我们是两只船，各有目的地和航线；但我确信，我们会在途中相会。届时，如同过去一样，可以举行一场盛大欢宴；两只豪华轮船静静地停泊在同一港口，沐浴在同一阳光之下。如此一来，人们也许会认为他们已经到达目的地，他们的目的地原来是同一个。但是各人使命的强大力量，迫使我们分开，驶入不同海域，奔向不同方位，可能永远不会再见面，或许会再度相见，却已经互不相识，不同的海域和不同的太阳已经改变了我们？

"我们必须成为陌生人。"

这是我们要服从的铁律，就是这样，我们相互之间才变得崇高庄严！也就是这样，以前我们的友谊才会变得神圣！在航行的路线上，可能会有某些巨大而不可见的曲线，如行星运行般的轨道，其间会产生不小的差距，或者可将之视为途中的小舞台，我们应当将自己提升到这种境界！

我们的生命实在过于短暂，观察力过于受限，无法对朋友之间的庄严有进一步的认识。

虽然我们必须成为陆地上的敌人，但是我们的友谊会如天上的星辰，经久不朽。

280　供思索者用的建筑物

内省，是十分需要的。我们的大都市特别缺少一样东西，一个能让人沉思、安静、宽敞与延伸极广的场所，这个场所要有高长的柱廊，以便在恶劣天气与烈日下活动；那里不能有车马人声的喧嚣，更禁止任何大声的祈祷，即使传教士也不可以。这样，整个建筑物及其气氛方能表现出一种自我灵交和与世隔离的庄严肃穆。

当对生命的沉思取代了唯唯诺诺的生活态度时，教会垄断个人反省的时代，已成过去，而教会所建立的一切也表达了这种想法。我不知道我们怎么会对教会建筑物表示满足，即使失去宗教目的，仍然如此。这些建筑物在诉说着一个太过伤感与太过偏激的论调，仿佛它就是上帝之家，是超自然灵交的庄严场所；对我们来说，不信神的人能够由其自身想到我们心中所想的念头。

我们要让自己能化身成花鸟木石而与之沟通，当我们流连于走廊和花园时，也要同时能漫步在自身之中。

281　知道如何找出结尾

一流的大师懂得如何以一种完美的态度找出终局，无论整体还是局部；他知道这就是一首曲子或一个思想的结尾，那是一出悲剧或一个故事的第五幕。

二流的大师则始终无休止地寻找最后的结局，同时也很少以一种高傲沉稳的态度向大海深处挖掘，就像波多菲诺的山脊，热那亚湾[1]在

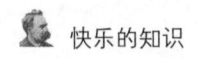

那里吟唱着奔向终点之曲。

282　步伐

知识分子的守旧主义往往使大人物背弃他所存在的民众或集团,其实,主要是他的思想步伐背弃了他们,因为他们无法跟上。

就拿破仑来说,他也十分懊恼,不能以"正当的"步伐来行走,偶尔有必要时,还得表现出一副王者风范,虽然他多半时候只是一名军队的统帅,高傲又唐突,非常尴尬。

看到有些作家常常将时髦的褶层长袍拖曳在地上行走,总觉得可笑:他们想要把脚遮盖起来。

283　开辟者

我很高兴看到一切迹象均显示出一个更加雄壮、更富有挑战性的时代即将来临,最重要的是,它将再度为我们带来英雄般的荣耀!

必须准备迎接更高尚的时代,积聚有朝一日所需要的力量,时代会将英雄气质带进知识领域,为观念及其影响而战。

为达此目的,此刻急需许多勇敢的开路先锋,这些人不会是庸碌之辈,他们是建设今日文明和都市文化的基本材料,知道如何在无形的活动中获得满足并坚持到底的沉静、孤独而果断的人;天生有探究、克服自己一切气质的人;把伟大虚荣的振奋、单纯与轻蔑视为在胜利中对被征服者表现的肤浅虚荣的宽宏大量的人;对一切胜利,有时机运会作弄,有精确、独立判断的人,更富危险性、创造性和欢悦的人。

相信我!要想体认一切存在最大生产和最高享受的秘诀就是活在危险之中!将你的城市建立在维苏威火山[2]的山坡上;将你的船驶入浩

瀚无涯的海域！要活在与劲敌的交战状态中，若不能成为统治者或主人，就要做大盗或破坏者！当你对像胆怯的小鹿躲藏在森林中的生活自满自足，时光会过得很快。知识终将夺取一切，她要统治与占有一切，而你要和她在一起，寸步不离！

284　自信

一般说来，自信的人并不多见，而在这些少数人中，有些是不自觉地具备自信，有些则是对知识的体悟有所偏差。其余的人则必须先取得对自己的充分信任，无论他们做了怎样了不起的事，首先都要和自己内在的"怀疑者"争论一番。

问题在于，究竟如何去说服这个内在的"怀疑者"呢？要达到这目的，天才几乎是不可缺少的，因为很显然他们多半对自己不满。

285　精益求精

"你不想再祈祷，不再崇拜，不再耽于信仰无限，你不愿继续忍受，而在最高的智慧、德行与力量前遣散你的思想。

在你的七个寂寞之处，没有永久的守护者和朋友；你离群索居而不向满头白雪、心在燃烧的山望一眼；没有对你报复的人，也没有为你做最后修改的人；对你不再有任何理性和爱；不再有你疲倦之心的休息之所；你的艺术反对任何究极的静寂；你十分渴望战争与和平循环不息。

断念的人啊，你是否要舍弃所有这一切？谁会赋予你力量做这件事？从来没有人具备这种能力！"

有朝一日，会有某个湖拒绝把水流出去，而在水泄之处设置一个水闸，如此一来，这湖中的水位就不断高涨。这种断念会充实我们的

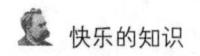

力量，靠着这个力量，断念本身得到新生；人类前进的基点也不断提升，他不再向上帝宣泄。

286 离题

这里有许多希望，你能看到或听到它们吗？假如你没有在自己的心灵中经历一日消长过程？

我只能建议，别无他法！

去感化石头，使动物变成人类，你要我那样做吗？

噢，假如你是石头或动物的话，那你务必要寻找你的奥费斯[3]！

287 喜欢盲目

"我的思想"，流浪者对他的影子说，"你要告诉我现在站在何处；不管我走到哪里，都不可背弃我。我喜欢对未来一无所知，而且不想因为没有耐心去尝试应允的事而难过。"

288 崇高的情愫

在我看来，除了少数由经验得知高尚的感受可以持续一段很长时间的人之外，似乎大部分人均不相信崇高的情愫，也许它只是暂时显现，最多不超过一刻钟。

不过可以确信的是，一个怀有高尚感受的人，企图将崇高情愫展现出来，到目前为止，这充其量也只是一个梦想和迷人的可能而已。

我们在历史上找不到这种例子。尽管如此，或许某一天，人们还是能创造出这样的人来，当许多有利条件形成时，这个理想就能实现，但是，目前，这些条件连最乐观的机会也无法凑齐。

或许这种情况有如特殊例子，已经在我们的心灵之中，而我们时常会为此感到莫名害怕。可能这也是未来人们的有利条件之一，在高尚与低下两种情愫之间不断的激荡，忽上忽下，这种情况就像是在登梯子，同时也有如置身云端。

289　上船

当一个人认为他的生活与思想模式充满着哲学辩证，影响着每一个人时，就好比是说一个温煦、赐福与令一切滋长的太阳照耀在他身上；太阳如何使他能不随人赞美或责备，同时自足、富有、大方地布施快乐和慈惠；他是如何不断地将恶变为善，使整个生命力充分发挥、开花结果，让人不快的害群之物无法滋生，他会号啕不已！

噢，许多类似的新太阳便如此产生！另外，邪恶的人、不幸的人、异常的人也当然各有其哲学、主张和阳光！对他们毋须同情！我们必须忘掉这种傲慢自大的心理，长久以来人情皆习于抱持这种想法；我们不必为他们而鼓励任何自白者、驱邪者或宽恕者！

无论如何，新的正义总是需要的，还有新的解析、新的哲学家！道德的国土广阔无垠！同时也有它的对跖地*！而对跖地也有其存在的权利，仍有另外一个或无数个世界等待我们去发现！上船！你们这些哲学家！

*对跖地，地球正相对应的两个地点，尼采此处指的是哲学家虚构同现实世界对应的超越世界，比如柏拉图的理念世界，黑格尔的绝对精神，基督教的天堂彼岸。

290　不可缺少的一件事

给人的个性一种"风格"，这是一种崇高稀有的艺术。

从一个人的长处与弱点来观察其本性，依此本性拟定一套独创计划，直到一切都显得很艺术、很理性，甚至连弱点也让人着迷，运用令人羡慕的艺术。

此外，还有许多第二天性在增加，部分第一天性则在减少，由于两者在日常工作与活动中面对的情况不同。不曾减少的丑陋，一直被藏匿起来，被重新诠释为庄严高尚的新面目。不愿形式化的诸多暧昧也被保留，作为透视之用，给那些冷僻不可测的一面一个暗示。

最后，当这项工作完成时，我们会发现这根本就是对同一尝试，组织或塑造成整体或局部的抑制与压迫。不管这项尝试是好是坏，最重要的是：它是一项尝试，这就够了。在自己的律令拘束下尤其能体验到最高尚的愉快，那便是他们强烈的傲慢天性，他们那强烈意志的激情，在见到所有受过训练与被征服过的天性之后，立刻为之大减；即使他们有宫殿可建或有花园可设计，也不想尝试解放天性。

反之，个性弱的人没有超越自己的能力，也憎恨风格的限制。

他们觉得，将这种讨厌的束缚加在身上，他们必会变得粗俗不堪；如果任由这种束缚驱使，他们会成为奴隶因此他们憎恨被驱使。这类知识分子总是关心对自己的塑造与诠释，这样对他们来说也比较好，只有在这种态度之下，他们才愉快！

有一件事，不可缺少：人应当对自己满意。

只有这样，我们才能对"人的面目"完全忍受。不满于自己的人，为此随时准备向自己报复；如果我们一直忍受那丑陋的面目，我们这些旁人终会遭受池鱼之殃，丑陋面目会使人变得卑贱、可悲。

291 热那亚

我参观过这个城市，她的别墅区和娱乐场所，还有民居的宽阔高

卷四

地与山坡。最后的结论是，我从过去的痕迹看到她的风貌；这个地方四处散布着大胆、专制的统治者形象，他们曾经在此显赫一时，而且想将显赫绵延千古，这都表现在他们已留传数世纪之久的各种宅第、建筑物和装饰上；也许他们对人生有好感，但是对自己却没那么有好感了。

我常常看到建筑营造者将眼光投注在周身远近所有的建筑物、城市、海和山顶上。

他以对一切的凝视来表达权力和征服，并且希望一切均如其所愿、均为其拥有，用他的凝视魔力。整个地方显得与这堂皇华丽、渴望占有、剥削的、贪求无厌的自我本位不相称；当这些野心勃勃的人听说已没有可供开拓的疆土，又为了渴望在自己原有的领域再添加新的土地，家族里的每个人便彼此斗争起来，想尽办法凌驾于别人的权威之上，在邻邦之间炫耀他的声望。

再者，每个人也都想利用在建筑的表现与炫耀自己血统的风光上，击倒对方而为自己一系赢得胜利。

当我们想着那表现出法律精神，以及普遍乐于守法与服从风格的城市建筑模式欺骗了我们，就益加敬仰受到建筑营造者刻意压抑的、原本重视平等与服从的习性。

走到此地的每个角落，你都会发现到有一个孤单的人，他知道大海、知道冒险，也知道东方；他反对法律、嫌恶邻人，仿佛那些东西会因为与他有关联而烦扰到他；他以嫉妒的眼光瞄着所有那些已经过时而奠立的一切；出于一种奇妙的念头，他渴望将这一切重新建立，经他的手把思想灌输进去，只要在一个充满阳光的下午片刻中，让他贪婪忧郁的心满足一次，同时让属于他的一切都呈现在眼前。

快乐的知识

292 致道德的传道者

对说教者，我想给出如下忠告：如果你想剥夺最佳事物的一切荣耀与价值，一直以和过去同样不变的方式来叙述它们，就请仔细听听我的忠告！

将它们置于你的道德之前，从早到晚诉说美德、宁静的心灵、正直公平，以及自然赏罚的愉悦。因着你始终保持这种态度，所有这些善的事物终将博得大众的好感。但是，裹在它们表层的金质也同时会逐渐褪损，更严重的话，连它们内在的纯金，也会变质成为铅块。

说实在的，你应该明白炼金术的还原艺术，以及最有价值之物的贬损！试试看另一个秘方，只要一次，就足够让你明白，所得与所欲相违；否定善的事物，将它们从大众的喝彩声中抽出来，打断它们想要散播开的念头。让它们再度成为孤独者潜在的贞德，宣称"道德是一种受严格管制的东西"！这样，你会引来少数不平凡的人，也就是英雄人物。其中必有一些艰难、却不令人讨厌之处！

这时候，我们最好不要以艾卡德[4]谈论道德的语气说："我祈祷上帝将我从上帝的手中救出来！"

293 我们的环境

我们都很清楚，只对科学投以一瞥、漫步浏览，而对大小事物均持以冷酷无情的严谨态度，同时对一切评估、判断与宣告均能迅速决断的人，常会制造一种眼花缭乱和惊恐的感觉。

尤其令人惧怕的是，科学领域的要求极为严格，纵使你做得非常好也得不到任何奖赏。就像军中一样，只能听到非难和尖锐的叱责声。凡事做得好是正常的，不值得大惊小怪；做得不好，则是例外，决不应该。和别处一样，这里的规矩是：做得没有错，就保持静默。

这种"科学的严谨"和最佳的社会交际风度一样，会使新进的初学者惶恐：能适应它的人，便会喜欢待在这种明洁、有力与高度充电的环境、雄壮的环境之中。别的地方不够纯洁，不够顺畅，他怀疑，在那里最佳艺术既不能有益于别人，他也无从喜悦。

对他而言，许多谨慎、潜藏与克制是都不可缺少的，只有伟大与无用才会丧失力量，在这敏锐和清晰的要素之下，他方能完全昂然高飞！他何必飞而再飞，落到湿漉漉的水中，游泳涉水，又沾污翅翼。不，那里太不适合我们居住！我们天生属于这种环境，我们是光线的对手，要驾驭其上就如同驾驭原子光一样：不要躲避太阳，要迎向太阳！

当然，我们力不及此，只在可能范围内倾力以赴，将光明带给地球，我们要成为"大地之光"！为了达到这目的，我们要有自己的翅翼、明快与严谨。只有这样，我们才能像个大丈夫，甚至有如恐怖的烈火，让不知道如何借助我们的力量来使自己暖和与明亮的人害怕我们吧！

294　抗议对本性的污蔑

那些人不同意我的看法，他们的许多本性很快就变成一种病态、一种丑陋的东西。他们曾诱使我们相信，人类的本性与动机是恶的，他们让人对自己、对所有人的本性判断失误！也许，有些人很轻易地受到刺激的摆布，但是他们害怕想象中的本性之"恶"！这就是为什么我们在人类当中很少见到高贵气质的缘故。凡此种种，都不足以让我们害怕，不论有什么可耻的地方，都不能阻挡我们毫不犹豫地自由飞翔，我们是生而自由的鸟儿！

不管我们到哪里，自由和阳光都与我们同在。

快乐的知识

295 暂时的习性

我喜爱暂时的习性，它们是获取日常知识的无价法宝。为了配合这种短暂的习性，我把我的性格、维持身体健康的活动，以及就我目视所及的大大小小事情，都做了调整与安排。我总以为，这种安排，我永远满意，并且时时刻刻均有收获，不做他想，不需比较、轻蔑或憎恨。

但是，总有一天习性会终止，届时，一切美事都会离我而去，曾经对我温顺示好的东西，也引起我的反感，我们彼此都很感激共处的这段时光，我们握手道别。新的习性，已在门口等候，同时，不管我的想法贤明还是愚笨，我都不能否认：这个新习性是正确的，而且是最正确的。因此，这个新习性对我而言，就如同食物、念头、人类、城市、诗歌、音乐、教条、日常生活的安排以及生活的模式一样。

从另一方面说，我憎恨固定的习性，它有如一个专制暴君时时刻刻在我身旁，令人寝食难安。当所有事物都离不开这种习性时，譬如职务上的地位、与同一个人之间的友谊、固定的住所，或者一致的健康状况，生活气息顿时凝结。

事实上，对所有疾病与苦痛，我从心底感激它们，这些疾病与苦痛留给我许多逃避固定习性的后门。最不可忍受的、真正可怕的是没有习性的生活，为所欲为的生活！那等于自我放逐到精神的西伯利亚[5]。

296 固定的声望

从前，一个固定的声望，十分有用。只要社会依旧受群体意识的控制，个人就仍然能把个性与事业变成一种固定外表，即使它们没那么真实，也依旧如此。

"我们可以信赖他，他一直保持那个样子。"这是处在社会的所有危险状况中所能发出的最有意义的赞许。社会很满意它随时可以依赖这个人的美德、那个人的野心，甚至热情，它重视这些工具似的本性：坚持、固执、贞节、忠实为一种可靠工具，应付各种状况。这种价值观念在每个地方都被敬若传统习俗的道德，它教导"属性"并把所有求新、求变的观念打入冷宫。

一个人若毫不犹豫地向大众表白他的意志，反对从前的看法、怀疑他身上本有的一切，他注定会声誉扫地。当麻木的观念当道时，那些对"固定声望"无法苟同的思想家便难免遭受被奚落的命运，我们目前仍旧生活在这类禁制之下！当一个人处在与千万人为敌的环境中，对他而言，生存势必极端艰难！

千万人的良知正饱受愧疚与不安的折磨；在许多伟大的知识分子的生命历程中，必定会有更多的自轻自贱和不为人知的痛苦。

297 反驳的能力

今日大家都知道，有能容纳各种不同意见的雅量，是一个极好的文化现象。有些人甚至还知道，高等一点的人不但不排斥敌对的一切，反而时常挑拨它，测试自己是否也有被蒙蔽的偏心。但驳斥相反意见的能力，和坦然面对传统、习俗、神圣的敌意的能力，才是我们文化中真正伟大、新颖与惊人的成就，是所有解放的知识步伐中的一大步……这个又有谁知道？

298 一声叹息

在路上，我突然冒出一个念头，迅速用简单贫乏的字句将它捕捉起来，以免溜掉，但是它在字句里面振翅挣扎一番之后，死了。我详视之下，心里明白了几分：我若把鸟抓在手中不放，怎会有快乐可言？

299　我们应该向艺术家学习的

有什么方法能使没有吸引力的一切变得漂亮呢？也许医师有些地方值得我们学习，他们设法将苦的东西稀释，把酒和糖放进杯中。我们更应该向艺术家学习，他们苦思积虑，持之以恒地研究这方面的可行之道。

和一切拉开距离，直到我们无法再同时目睹一切，直到我们进入到它们里面以便看个究竟：从旁察看，有如用烛火观照；透过有色镜片、在落日余晖下审视；给它们一层完全透明的表皮；凡此都是我们要从艺术家那里学习的，并且要比他们更聪明，艺术家的这种优越能力常使他们在艺术终止而生命开始之处陷于停顿。而我们，无论如何也要在生命中表现得像个诗人，尤其在许多琐碎细微的地方。

300　科学的前导

你是否相信，没有巫师、炼金术士、占星家和魔法师等人做前驱和先行者，科学会大有进展，他们的预言和警示使大家力图制止科学的兴起。也许有些东西可以在知识领域中完成，故而人们允诺的比做到的要多许多。整个宗教在某个遥远年代的出现，也是一种发展前奏，就像科学前奏在此所展示的一样。也许宗教有某种方法，使个人能在上帝的感应中一次就得到完全的自足与自赎。

事实上，我们会问，没有接受宗教训练和历史前导，人类是否能从自身欲望的种种迹象中学到一切，并使自身得到充实？普罗米修斯欣然为人类盗取火种，是否反悔了？他发现，由于自己创造了光明，不仅人类，连上帝也必须不停地工作。一切是否只是造物者的作品？

正如同所有思想家的幻觉、偷窃、高加索山、秃鹰，以及整个普罗米修斯的悲剧[6]？

301　沉思者的幻觉

高等的人和低等的人不一样，前者比后者看得多，听得广，能细心体会，这也正是人和动物、高等动物和低等动物之间的区别所在。

对人格上日臻成熟的人而言，这个世界愈来愈完满。永远会有更多有趣的钓钩投向他，他的"兴奋剂"一直增加，还有快乐和痛苦也是一样，高等的人变得总是更加快乐，同时也更加不快乐。

一种幻觉一直伴随着他，他始终以为自己是生命的伟大哑剧与音乐会的观众或听众；他称他的本性是：富于沉思的天性。因此省察到自己还是个真正的创造者、生命的诗人。

他和戏剧中的演员有很大的差别，不过和戏台前的纯粹旁观者或观众不一样。深入的沉思与反省，对犹如诗人的他来说，是一项比较独特的工作，然而最重要的，还在于他有极强的创造力，那是演员或一般实干家所缺少的。

是我们一直在处心积虑地制造一些未曾存在的东西：不断增长的价值、色彩、评估、观察、肯定与否定的世界。

我们立足其中的大组合，不断学习和实践，接受新诠释和意义。经过这个世界评价过的一切，未必有经过自己本性的评价，本性永远无价，然而我们却曾赋予它们价值。也就是说，我们只是创造了一个一切以人类为主的世界！

我们所缺乏的正是这种知识，而当我们刚掌握它时，转眼给忘掉了；我们高估了自己的能力，我们这些沉思的人类，同时也低估了自己本身，我们没有如自己所想象的骄傲，也没有如自己所想象的快乐。

302 最喜悦者的危险

要追求深刻的感觉和美好的尝试，要习于挑选最富于理智的一切，犹如点最适合我们胃口的菜肴一般。

祝福有一个坚强、勇敢、无畏的心灵，以稳静的眼神和坚定的脚步，去走完人生的旅程；随时准备迎接任何恶劣的打击，就像迎接一场盛宴。对尚未被人发现的世界和海洋充满憧憬与希望，欣赏一切鼓舞欢喜的音乐，就像勇者、士兵或航海家暂作小憩，舒畅一下筋骨，而当最大的喜悦来临时，所有悲伤和阴郁都一扫而空；谁不想拥有这份喜悦！那是荷马的喜悦啊！是他为希腊人与自己创造了上帝诸神！

然而无可讳言，若是一个人的心中充满这种荷马的喜悦，他必将陷于世上最痛苦的深渊中！唯有付出这样的代价，我们才能在千古如斯的海浪冲袭的海岸上，捡拾最珍贵的珠贝！

一旦我们拥有它，就很容易感到种种痛苦，最后对痛苦十分过敏，只要有一点不快与嫌憎，便使荷马唾弃人生。他实在无法解答一些年轻渔夫向他提出的笨拙小谜题！那则小谜题是最喜悦的人会遭遇的危险？！

303 两个快乐的人

这个人虽然年轻，但却懂得随遇而安，连最敏锐的观察者也十分惊讶，尽管他一直玩着最危险的游戏，却从来不犯错。他使我们想起一些善于即兴演奏的音乐大师，听过他们表演的人都津津乐道他们那双永不犯错的手，尽管那些人和一般凡夫俗子一样时常会犯错。然而他们都技巧娴熟，而且能独出心裁，总是随时准备着将偶然想到的音调放进乐章之中，并赋予新的意义和精神。

再提另外一个完全不同的人，他做任何事都不会成功，屡次失败,将他推入绝望的深渊和崩溃的边缘,如果他已脱离困境,就不会"鼻青脸肿"。你想他会快乐吗?他早就决意将得失置之度外,"如果这件事不成功,"他对自己说,"也许那件事就会成功。整个说来,我对失败的感激之情远胜于对成功的感激之情。我不是给自己造了一个铁头牛角么?我把制定价值的标准和生命中太阳的一切,都抛到九霄云外去了。我比较了解生命,因为我是抱着随时失去它的心情在挣扎,就凭这个,我活得就比你们更充实。"

304　在行动中扬弃

反复强调"不要做这个!断绝一切念头!要克服你自己"的道德体系,让人讨厌。但从另一方面来说,凡是"能鼓舞我,使我废寝忘食、日以继夜地去做某件事,除了只想独力完成,其余什么都不想"的道德体系,我却非常喜欢。

不属于这个生命的一切,会陆续疏离远退,他毫无怨尤,看着今天这个离他而去,明天那个不告而别,就像一阵轻风吹来,拂动树梢,树上的枯叶纷纷飘坠;他根本就没有注意它们离去,他的目光紧盯着理想与目标,决不瞻前顾后,而是浑然凝神、专心致志。

"行动决定兴废去留,在行动中,我们才有所扬弃。"

这真令我兴奋,我的信念,飞驰神往。不过,我并不刻意张大眼睛追求困乏,我实在不喜欢任何在本质上属于否定和自绝自弃的一切。

305　自制

讲道德的先生们,都是先教人把自己置于自身的掌握中,因此就得了一种古怪的疾病,对所有自然本性和欲望过分敏感。凡是驱使他、怂恿他、引诱他、逼迫他的一切,不管内在或外在,对近乎自制的病态敏感来说，似乎很危险。他不再放任自己相信任何直觉意识或者自由飞翔，他改弦更张，采取一种戒备的姿态挺立，与自己相抗；他怀着不信任的锐利眼光，将守望自身堡垒的职务指派给自己。

是的，那时他将十分伟大，但却无法容于人，甚至连他本身也难以忍受自己，他得到的愈多，失去的会更多！我们若要学习一些自身原本没有的东西，这就需要勇敢决绝地摆脱自己。

306　伊壁鸠鲁学派与斯多亚学派

伊壁鸠鲁学派的哲学家，会先择取适于敏感与智性结构的一切事物、人物与立场，然后将其余的全部丢弃；若不如此，对他就会造成一个很大的负担。

相反，斯多亚学派的哲学家，习惯将小石子、小虫、玻璃碎片和毒蝎等东西囫囵吞食，丝毫不会有任何恶心的感觉，他的胃对所有吸收进来的东西完全漠不关心。他使我们想起，阿苏亚的阿拉伯宗派（这个宗派使法国人横行阿尔及尔[7]），就和那些麻木的人一样，他也很乐于将他的麻木以及伊壁鸠鲁学派哲学家所丢弃的东西，拿来展示给大家看，他有自己的"花园"。

斯多亚学派的学说也许非常适合随遇而安的人，而预料命运之神会允许他捻成"一条长线"的人，会在盛行伊壁鸠鲁学派学说的社会，把自己安顿得十分妥当，所有从事理性工作的人一向如此！因为若是他们的"麻木"被没收的话，对他们来说，无疑是一项极大的损失。

307　拥护批判

一些你以前最钟爱而奉如真理的东西，现在却发现它们是错误的，你将它们一脚踢开，以为获得胜利。但你静下来而变成另外一个人时，也许你依然需要那些错误，仿佛它们代表了"真理"，就像人体的皮肤一样，它隐藏、遮盖着许多你看不见的东西。

是你的新生命而非理智，为你除去了那些想法，你不再需要它们，它们破坏了自己的调和，"无理性"像一条虫，从它们之中爬到灯火亮处。

当我们使用批判时，它并不是独断的也不能说是与个人无关的，至少它证明我们具有一股蓬勃的劲力，借此劲力，揭开那层皮肤。

我们要否定，我们必须有所否定。在我们身上还有些东西要肯定它自己，那些东西我们尚未见过，也不清楚。

因此，我百分之百拥护批判。

308　每日的经历

你每日的经历是由一些什么构成的？看看包括在经历中的你那些生活习惯：它们是不是无数懦弱与怠惰等生活小节造成？或者是你的英勇与理性的产物？虽然这两种情况差别很大，但人们会给你同样的赞美，在两种情况下，你可能对他们同样有用。

不过，赞美、实利、体面等或许能满足只求心安理得的人，但是却不能满足你这"缰绳的试验者"，不能满足你这个有"自觉良知"的人。

309　走出第七个寂寥之处

有一天，流浪者关上身后的门，静静地站了一会儿，然后哭了：

"噢，这个嗜欲和冲动都趋向真实、确定、不可见的东西！我多么厌恶它！为什么这个消沉而善感的'工头'要跟着我呢？我想休息一下，可是它不答应，并没有许多事务能令我在此逗留不去！

"任何有我的阿米达花园的地方,都有新的离别和悲伤!我必须迈步前行,直到筋疲力尽,因为必须这么做,我常对那些无法挽留的我最美丽的一切,投以无情的一瞥,因为它们无法挽留我!"

310 意志和浪潮

这浪潮多么热切地来到这里,仿佛它是一个涉及某些东西而渴望得到解答的问题!它怀着多么可怕的恨意、深入岩石峭壁的每个角落里!它似乎要完全占有某个人,好像那里藏着有价值的东西。

现在,它又慢慢地撤回一些,依旧带着兴奋的雪花,它失望了吗?还是它找到了想追寻的东西?它只是故意做出失望的姿态?另一个浪潮接着过来,比第一个还要急、还要野,它的心灵之中也充满秘密和寻宝的憧憬。浪潮生生不息,我们也意气风发,神采飞扬!

啊,我不再多说了。

什么?你不相信我?你对我发怒,你这美丽的怪物!你害怕我会揭开你的秘密?好吧!你尽管对我发脾气好了,尽可能高高举起碧绿的危险的躯体,在我和太阳之间造成一堵墙好了,就是现在!说真的,眼前已经没有什么可以挽救这个世界碧绿的薄暮回光。尽情放纵去吧,怀着喜悦和邪恶,你恣意吼叫,潜入海底,将无尽的白色泡沫洒向他们,这一切完全雷同,我是多么欣赏你,我怎么会背叛你。

我对你说,我知道你和你的秘密,也知道你的种族!你和我其实属于同一种族!你和我有着共同的秘密!

311 破碎的智慧

我们并不是永远那么勇敢,当我们疲累的时候,和我们类似的人会如此悲叹:"要使人类尝受痛苦真不容易,而那是不可缺少的!当我们不想让自己继续苦恼下去,隐居起来会比较好吗?和疯狂的群众生活在一起,为了赎偿个人所犯的罪和整个人类相抗,是否更不适合呢?

"傻子所拥有的是愚昧,虚荣者所拥有的是空幻,狂热者所拥有的是狂热,是吗?在重要的地方而有如此巨大的差异,是不合理的吗?当我听到别人对我怨懑,那种感觉不就是我初次的满足感吗?是的,应该如此,我实在很难和你取得协调一致,而真理,多半站在我这一方,因此你对我的损失幸灾乐祸!这是我的缺点、我的错误、我的幻想、我的困惑、我的泪水、我的虚荣、我的矛盾!

"你可以嘲笑我,你可以笑得开心!我不反对事物的本性和规则,即使是缺点与错误也应该带来欢悦!任何人一旦得到一个理念,都会感到荣耀。尽管他的理念并不新颖,但他还是会自认为了不起地跑到大街上,告诉每一个人说:'看啊!天国就在眼前!'即使我身上的缺点很多,我也不会逃避自己!没有一个人是完美到世界没了他就不行的地步!"

总之,如我们所说,当我们勇敢的时候,我们并不如此想,我们一点也不认为自己是勇敢的。

312 我的狗

我给我的痛苦取了一个名字,叫做"狗"。它真的像别的狗一样、忠实、有趣、伶俐、缠绕不休、不知羞耻,而我可以对它发脾气、作威作福,就像许多人对待他的狗、他的奴仆和他的妻子一样。

313 不画殉难者

我要学拉斐尔[8],不再画殉难者的人像。有许多庄严的事物,原本就不需要那种和冷酷相连接在一起的崇高气氛。假如我立志做一个

快乐的知识

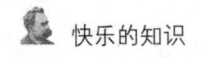

崇高的死刑执行者，我的雄心是不会满意的。

314 新的家畜

我要将我的狮子和老鹰，留在身边，这样我可以随时得到我力量强弱的征兆，以为警惕。难道我今天一定要轻视它们而又害怕它们吗？它们仰望我，并对我颤抖的情景会再度出现吗？

315 最后一刻

暴风雨是我的威胁，我是否要有个足可毁灭我的风暴，一如毁灭克伦威尔[9]的风暴？

我是否要像灯火熄灭般衰亡，那灯火并非被风吹灭，而是由于自身的枯竭而成为一盏燃尽的灯？

要不要我先将自己击倒，以免"枯竭"？

316 预言者

你或许无法猜想，预言者有多么痛苦，你只知道他们有很好的"天赋"，你若也有这"天赋"，你会非常高兴，我则会置之一笑。

大自然的雷电风云，不至于带给动物们太大的痛苦。

一如我们看到的，有些动物具有预测天气的本能，譬如猴子。但是人类就不可能有这种本能，而这种本能让动物忧惧痛苦，这便是它们的"先知"！强大的阳电，在云层的接触摩擦之下，突然转变为阴电，天气的变化迅速急促，因此动物视天气为一种敌人而对它有所戒惧，并随时准备防御或战斗。它们通常是将自己隐藏起来，在它们眼中，坏天气不是天气，而是一个在不断接近的敌人。

174

317 回顾

我们对过去的生命，很少会有像现在一样真正的悲怆感，除了一味认为那是唯一可能合理的事，其他的原因则完全是一种民族精神或社会思潮所致，与生命的悲怆感无关。借希腊人的话来说，今日音乐的某些调子，不禁使我想起一个冬天、一个家，一个对自己心灵倾诉孤独的生命，和我曾生活其中的感触，我真希望永远像现在这个样子。

不过，现在我明白了。那完全是一种悲情或激情，一种充满痛苦的勇壮和真正令人慰藉的音乐，这并非多年来我们的整个感受，其中仍有少部分，就是追求永恒的不朽感，否则，为了这个星球，我们岂不会变得太过"虚无缥缈"。

318 痛苦的智慧

在痛苦之中，除了喜悦外，还有智慧，它和前者一样，也是人类最佳的自卫本能之一。要不是这样，痛苦早就被祛除掉了；没有人不认为它是有害的，那正是它的本质。

在痛苦中，我听到船长命令道："减帆！人类！"

一个大胆的航海家必须知道如何在各种不同的水路上导航，否则，他大洋会把他吞没。同样，我们也必须知道如何在日常生活中控制精力；一旦痛苦发出预警信号，也就是需要减速的时候，某些危险或风暴即将来临，我们要尽可能做好各项防备工作，避免遭遇风险。但是却有许多人，在接近严重的痛苦之时，违反了命令，当暴风迎头袭来，他们便再也无法快乐，同时也神气不起来。事实上，痛苦本身已经给了他们宝贵的时刻，奈何他们不能把握。

还有一些英雄好汉，他们是人类痛苦的制造者，这少数人只需要和痛苦同样的代用品便可，而代用品并不能否定他们的伟大！他们是保存和推动人类的一股极为重要的力量，他们反对矫揉造作、自以为是的安逸愉悦，而且毫不隐饰对这种快乐的厌恶。

319　经验的诠释者

在许多宗教的创始者与其传人之中，皆缺少一种忠实的形式，他们从来不谈真正属于智性的体验。

"我真正体验到什么？我的心灵中产生了什么样的变化？我的理智、意识够清醒吗？我的意志是否已然径自排斥了感觉的迷惑，并且很勇敢地防备着虚幻的念头？"

他们从来没人提出这些问题，迄今也没有一个虔诚的教徒向他们提出质询。

他们总是想找一些和理性相背的事物，希望能很轻易地满足这个愿望；他们制造了一些"奇迹"或"再生"之类的经验，听到天使的声音什么的。

我们不一样，我们要的是理性，要的是时时刻刻仔细体察我们的经验，就好像在研究一个科学的经验。我们更需要属于自己的经验和经验主体。

320　再度会晤

A：我是否对你很了解？你在寻找什么吗？在眼前这个现实世界里，何处是你的安身立命之所？在何处，你可以躺在阳光下，静享安宁，证明自身的存在？让大家都如此，你的意思好像是说，只谈一般原则，只谈别人和社会，不谈自己的心灵！

B：我所要求的更多，我不是个探寻者，我要创造一个属于自己的太阳。

321　新的告诫

不要再对惩罚、责备和督促花费太多的心思；我们不可能改变一个人，如果这件事做得到，许多别的事也都可以做到了；在不知不觉之中，我们也会被他改变！

我们还是多留意让我们驾驭未来的力量，不要空想操控某个人；我们不要在直接的冲突中争斗，包括所有的责备、惩罚和求好的心态。

但是，我们要不断地提升自己，凌驾一切！让我们为自己的形象添加更华丽辉耀的色彩！我们的光亮，令别人黯然失色！不！我们无意为了别人，而使自身成为失色的人，就像那些掌惩罚之权而又愤懑不平的人！我们宁可站到一边去！让我们转过脸去，看别的地方，

322　一个微笑

一味在心中打转的思想家，不会是最有学问的。观察自身的内在，就好像在探索一个无限宇宙，将银河带进心中的人，也会知道银河并不规则。他们将存在带入真正的混乱和迷宫之中。

323　命运的快乐

当命运使我们和敌人站在一起战斗时，它会给予最大的本能，我们注定要获得大胜。

324　平庸的生命

不，生命并没欺骗我。相反，年复一年，我发现它更加富裕充实、让人满意和神秘！就从伟大的解放者拿"生命是思想家的一种体

验"的想法为我解开束缚之日起。知识本身也许在别人看来,会有些不同,譬如它可能是一张舒适的温床,一个逗乐的消遣,一种无聊的玩意;但是对我来说,它是一个充满危险和胜利的世界,在那里连英雄的情愫也有斗技场和舞台。

"生命是获取知识的工具。"

只要秉持这个原则,我们不仅勇气百倍,同时还能尽情生活、开怀大笑,然而,有谁知道,如何能尽情生活和开怀大笑?有谁不先去了解战争与胜利的整个意义?

325 什么是伟大

假如一个人无法感受力量和意志所施加的巨大苦痛,他如何能成就伟大的一切?吃苦,实在是一件小事,连许多纤弱妇女和奴隶也经常在这方面表现不凡。但当我们承担起巨大苦难,并听到哀号时,不被内心的苦恼和怀疑所击倒,这才是伟大。

326 心灵与痛苦的治疗者

所有的传教士和神学家都有一个共同的坏毛病:他们都想劝说病情沉重,需要彻底严格治疗的病人。因为整个人类,几个世纪以来,都渴望聆听导师对人类末日笼罩地球的迷信说法;他们早就准备哀叹了。他们从生命当中再也找不出什么,让每个人脸上均挂上一副忧郁的戚容,仿佛生命真的难以忍受。事实上,他们十分坚信生命,并且深爱着它,而许多未曾道破的阴谋诡计都是为了压抑他们讨厌的一切,拔出痛苦与不幸的棘刺。

在我看来,人们似乎总是喜欢对痛苦与不幸夸大其词,好像在渲染一件善行;另一方面,对许多可以减轻痛苦的良方便策,却绝口不提，譬如说，削弱痛苦的程度、忘掉痛苦的念头、想一想美好的过去或未来，甚至不屈的自尊心和耿耿忠心也都可以产生麻醉效果——当一个人陷于极大痛苦、意识模糊、不省人事时。其实我们十分明白应该如何在苦中加甜，尤其是加在心灵的苦楚里。同时在勇气和庄严感，在服从与认命的较为高贵的狂热中找到一个秘方。

人类的损失很少持续一个钟头以上，一有损失，老天必然会立刻以各种方式补偿我们。传教士根本就从未想过关心恶人的内在"苦痛"！他们一点也不对我们欺瞒狂热激进者的不幸！是的，只有当激进者遭遇不幸，他们才不欺瞒，他们太了解那些人，他们很快慰，却像死人般沉默不语，这对他们的理论无异是一项有力的反驳，根据他们的理论说法，快乐就源于人类的绝情灭志。

最后，对那些心灵的治疗者之秘方，以及他们对彻底治疗的劝告推荐，我们不禁要问：人生真的充满痛苦与负荷，必须以斯多亚学派的生活模式与麻木来改善吗？我想，我们还没有痛苦到必须接受斯多亚学派的病态作风的地步！

327 太认真

对大部分的常人来说，知识分子有如一部别扭、难解、杂音太重的机器，要转动它还真不容易。当他们和这部机器一起工作，而它要慎重思考时，就会说它"太认真"了。唉，深思熟虑，对他们来说，简直是一项要命的负荷！

不管何时何地，当人陷入沉思，似乎就失去了幽默感，变得"严肃"起来！"只要有欢乐和笑声在，思考就一文不值"。

一位反对"快乐的知识"的严肃动物如此发表他的偏见。

好吧！就让我们证明那是偏见吧！

328　对愚蠢的伤害

认为自我本位应该受到谴责的想法，以及拿这想法到处宣扬的行为，确实已经伤害到自我本位了，把这种自我本位重复一千遍，却蜕变成群众本能的倾向。尤其是剥夺其心安理得的倾向，在他们身上寻找一切不幸根源的做法，更是无以自明。

"自私是你生命的祸根。"

讲道的人如此对千千万万的人训诲。而一如我们所说过的，自我本位会伤害自私，会剥夺它的许多精神、欢乐、聪明和美丽，甚至会将自私毒死，使自私变形、无意义！

另一方面，古代哲人告诉我们，还有另外一个恶的来源：自苏格拉底以降，思想家们从不吝惜说教"你的轻率和愚蠢、生活杂乱无章、对邻人随意盲从等，都是你为何得不到快乐的原因；思想家则是人世中最快乐的！"

在此，我们且不管对愚蠢的说教，是否比对自私的说教来得正当，然而可以确定的是，愚蠢也因此而被剥夺了"心安理得"，那些哲学家伤害了愚蠢。

329　闲暇与懒散

有一种印第安的野蛮，在印第安人的血液中特有的野蛮，抱持着美国人追求黄金的狂热和透不过气来的敏捷。这种新世界的典型的恶习，开始向欧洲大陆传播，同时也以一种缺乏知性的怪异生疏扩展到各地。

现在的人多以休息为耻，即使是长时间静坐思考也会引起良心的呵责。

思考就是以秒表来计时的，如同用餐时两眼所盯的只是报纸上财政金融方面的新闻一样；我们的生活和那些"害怕让机会溜走"的人一模一样。

"做任何事都可以，总比不做事的好。"

这个原则也是每个文化以及较高等的人可能会窒息的累赘。这些工人匆匆忙忙，所有形式都明显地消失泯灭，因此形式本身的知觉，对行动旋律的听力和视力也跟着丧失。这一点我们可由近来风行的粗俗的简明中得到证明，在和朋友、女人、亲戚、儿童、老师、学生或王公贵族交往时，大家都要求这种简明，一个人不需要再为了礼仪而费时费力；一些繁文缛节，会话中的才智，以及任何悠然之事，莫不如此。

为了要在生命中有所收获，一个人往往会被迫消耗他的智识，他疲累不堪；为了扩张、或者抢得先机，必须比别人在更短的时间内完成工作。这样一来，能够真诚交往的时间便显得极为有限；然而，人们对此已感到倦乏，不仅希望任其自然，而且还要以笨拙的方式到广阔的外界去伸一伸腿。

如今，人们写信的方式相当跟得上时代，他们的风格与精神永远都是真正的"时代标志"。如果在社会和艺术中有任何喜悦可言，那就是如同工作过度的奴隶们从自身所得到的喜悦一样。啊，我们这些有智识或无智识阶级对"喜悦"的节制；这种对所有喜悦日益增加的怀疑，工作已经愈来愈压倒良知了，对喜悦的欲望已经对娱乐的需要自觉羞愧。

"这是因为健康的缘故"，当人们被发现自己在偷闲时常会如此自辩。事实上，动作敏捷的人多半不会想到要对生命做一番沉思，更不会想到带着思想和朋友去远足，当然也就不会有任何羞愧或不安之感。从前，这可算是一种极端的反动，这是由有愧于心而激发的"行为"。

快乐的知识

一个出身良好的人被迫在劳动时将他的工作隐藏起来；奴隶则要在他认为所做之事就属鄙贱者所为的重压下，才肯付出劳力。"做事"本身便是可鄙的，"唯有在闲暇与战斗之中才有高贵和荣耀可言。"这就是古代的偏见。

330 鼓掌

思想家不需要旁人的赞赏或喝彩，只要他对自己鼓掌，对自己有信心。有谁不需要自己的鼓掌、赞赏吗？我对此十分怀疑。

331 耳聋比震耳欲聋好

从前，一个人想要买卖东西，只须轻声叫唤就行，如今却不行，市场变得太大，要用呼喊的。连嗓门大的人也得相互大声叫卖或叫买，最好的器具常常被嘶哑的声音卖出；若是没有这种市场的吼叫与嘶哑，也就不会再有任何天才产生。

对思想家来说，显然这是个邪恶的时代，他必须学习在这两种噪音之中寻找自己的宁静，同时也得假装耳聋，直到最后真的聋了为止。若是他学不会这一点，就会因为不耐烦喧嚣与头痛而灭亡。

332 邪恶的时刻

每一个哲学家或许都曾有过片刻的邪恶，他会想：如果人们不相信理屈词穷的争辩，则干我什么事，然后，一只爱搞恶作剧的鸟儿从他面前飞过，大声鸣唱："干你什么事？干你什么事？"

333 了解意味着什么

"不要笑，不要哭，也不要诅咒，要理解！"斯宾诺莎如是说，话是那么简洁有力。但是,这个理解除了能让其他三者立即具有感知形式之外,究竟又意味着什么呢?是期望嘲笑、悲伤与憎恨分离和对立的结果吗?在知识成为可能之前,这些冲动都必须先将对事物的单方面的观点提出来。

这些单方面的观点将会导致冲突,时而会引起三方面权利的一种妥协、和约与认同,借着认同的制衡,那些冲动就可以维持本身的生存。我们这些执掌审判的人,往往因此认定理解是某种调停、公正与善良的东西,是某种本质上与冲动相对立的东西:然而,究其根源,它只不过是冲动在相互对立中的某种关系。

长久以来,有意识的思考是唯一的思考,到现在,我们才逐渐明白,我们的知性活动多半都是在不知不觉之中进行的;然而,我相信在彼此冲突中求生存的种种冲动,十分明白如何相互感知或引起伤痛,在此,或许我们能找到令思想家殚精竭虑的激昂之情的根源。

不错,在我们内心的挣扎中,或许是具备了相当的英雄气质,但是,至于神圣的东西、或如斯宾诺莎所想象的"永恒的自我安眠",确定是没有的。

有意识的、尤其是哲学家的思考是最为虚弱的,因此相对地也是最温和、最宁静的一种思考模式;如此说来,对知识的本质最易误解的正是哲学家。

334 我们必须学习去爱

这是我们在音乐中获得的经验。大致说来,我们必须先学习听,全神贯注地听,然后辨别它的主题或旋律,我们必须使它自身孤立,如同生命一样,再充分发挥我们的意志,以便在它怪异时也能忍受;对它的步骤和表现必须有耐性,对它的古怪之处勿予置评,如此,终会有我们习惯它的时候。

当我们渴望它，而它也使我们知道如果缺少它，我们便会思念它时，它会继续运用魔咒与魅力，且愈来愈甚，直到我们成为它谦卑而狂喜的爱人为止；我们要它、且一味地要它，并认为世上再也没有比它更值得我们要求的了。

然而，不仅对音乐如此，我们也以同样的态度去学习爱我们所爱的每一样事物。

我们对生疏事物的体贴、耐心和理性，总是要在最后才会得到报偿；生疏的事物会慢慢揭去它的面纱，而呈现给我们一种崭新而不可名状的美丽，那是它对我们的殷勤致谢。那些爱自己的人也是借着这种方法才学到的，没有第二条路可循。

爱也是必须学习的，我如是说。

335　向物理学欢呼致敬

有多少人知道观察？在少数知道观察的人当中，又有多少人知道该如何观察自己？

"每个人和他自己之间的距离是最远的"，所有"缰绳的尝试者"都极不安地知道这一点，而神对人类所说的"要了解你自己"近乎一种讽嘲。然而，自我观察的论调如此迫切，就可以从人们对道德行为的本质谈论与渴望中，证明它是最佳的一种认知方式。每个人似乎都会对你说："怎么，我亲爱的先生，别管我的事！你还是向会解答你的问题者求教吧，一个人去做他认为正确而该做的事，其行为的本质才有道德！"

但是，我的朋友，你如何判断你的决定呢？

你如何知道自己做得正确呢？

"因为我的意识如此告诉我,意识绝不会欺骗我,因此由它首先决定何者是道德的!"

但是,为何你一定要听从意识的话呢?

这种信念是否无法被更深的意识所触及?

你是否对智性的意识一无所知?

一个隐藏在"意识"背后的意识?

在你做出"这是对的"的判断之前,在你的诸般冲动,喜欢或不喜欢、经验或非经验之中必然有一段明显的发展过程:你必须质问"它是如何产生的?"

"真正迫使我听从它的究竟是什么?"你当然可以听从它的话,就像一个勇敢的士兵接受长官的命令;像一个女人深爱对她下令的男人;像一个懦夫惧怕指挥的人;像一个傻子听人摆布;他之所以听从别人,因为他没有意见。

总而言之,你可以因不同的缘故而听从你的意识。

不过,最后你会因之而迷失你的本性。

不管怎样,我们务必努力成为我们自己,为自己制定律令,创造自己。为了达到这个目的,我们必须成为这世上所有律令和生存必需品的最佳学习者和发现者。再从一种全新的意义上来说,过去所有的理解和理想都是对物理学的无知与排斥,为了成为创造者,我们还得先成为物理学者。所以,让我们向物理学再三致意吧!此外,也要向迫使我们不断追求的"真诚"大声欢呼。

336 大自然的贪婪

为何自然对人性一直那么吝啬,不让人类分享阳光的滋润,它尽可以依据个人内在光辉的多寡来施与不同程度的光照?

快乐的知识

在人类的生命中究竟有着多少些许的暧昧纠葛啊？

337 未来的"人性"

当我以未来的眼光来看这个时代，发现在现代人身上竟然找不到任何值得一提的，譬如像"历史感"之类的东西。这在历史上是一种新奇的趋势，假如这种萌芽期有数世纪之久，或许早就培育出了无数了不起的品种，而我们的古老地球也能让人类生活得更加舒适愉快了。然而，事实上我们这些现代人却刚着手打造未来之链，我们几乎不知道自己在做什么。

对我们来说，这不是什么新的情感问题，历史感依旧显得贫乏冷酷，并对一切滥施打击；对别人，它是即将来临年代的征候，在那些人眼中，我们的星球像是一个忧郁的病人，为了忘掉眼前的不适，就提笔写他过去的青春时光。事实上，这是崭新情感的一面。

凡是知道如何将整个人类的历史当作自身历史来看的人，就能感受到病人的痛苦、老人怀旧、情人夺爱、烈士献身、英雄迟暮等种种心境。为了能忍受诸般悲伤，我们依旧得打起精神，做个在战斗之后仍能向黎明与喜悦欢呼的英雄，我们就是世纪的分水岭，是过去一切知识和高贵美德的继承人，同时也是新贵族阶级的第一人，这些都是我们所未曾梦想过的。

要毅然承担人类所有的得失、新旧、希望、征服和胜利，将它们统统装进一个心灵里面，也蕴含在一种感觉之中；如此，便能达成人类前所未有的幸福，一种上帝的愉悦，充满了爱与力、泪与笑，那种愉悦就像黄昏落日，不断地将不绝如缕的充实与空虚遍注大海！这种神圣庄严的感觉，就是"人性"吧！

338 受苦的意志和同情

同情别人对你会有好处吗？或者是对被同情者有好处？我们暂且撇开第一个问题不谈。

我们所身受之最深的痛苦，别人几乎是无法了解与相信的。这样一来，即使我们和邻人同桌共饭，彼此之间也不免有隔墙之感。不管在什么地方，只要我们被当作受苦者看待，我们的痛苦就会沦为肤浅。

解除自身不熟悉的痛苦，就是一种同情的天性，然则，我们的"施惠者"比敌人更能贬损我们的价值和意志。在对不幸者所作的施舍之中，"施惠者"往往会有智性的轻率表现，他将自身扮成命运之神的角色，他实在完全不懂在你我内心深处被称为不幸的那种真正的痛苦和纠缠！

我内心的整个天性、新泉源的兴起、旧创伤的愈合、对过去的排拒等，凡此皆与同情者所想象的"不幸"无关。那种人只想救济施舍，没考虑到个人有时也需要不幸，你我需要恐惧、缺乏、贫穷、冒险、误解，就如同需要与这些相反的东西一样。

说得神秘一点，通往个人的天堂之路总是要经过个人的地狱欲念。那种人懵懂无知，当"宗教的热情"命令他去济助别人，他便以最快的速度去办理，并且总是自认为做得圆满！如果你以同样的情绪对待别人，如果你不愿忍受你的痛苦，并想阻止一切可能发生的不幸，如果你把痛苦当作邪恶、可憎而消灭，你等于是剔除了同情的宗教而代之以另一种"自以为舒适的宗教"。

噢，你这个软心肠而舒服的人啊，你对人类的快乐知道得何其少啊！快乐和不幸原是一对孪生兄弟，他们从小一起长大，在你身上，两者却都长不大！

现在，再让我们回到第一个问题上面来。

一个人怎么可能一直保持他的路程不变！某些呼喊或诱惑往往将我们引到歧途上去，我们很少注意那些当它们不存在时，便会感到十分需要的东西。我知道有许多能使我走入歧途的高尚而值得赞赏的方法，这些方法还是最"道德"的呢！我确信，只须给我目睹一次真正的痛苦，我便会不知所措！

假如有一个正在呻吟的朋友对我说："你看，我就快死了，只请你答应跟我一块死吧！"或许我会答应，正如看到一个矮小的山地民族为了自由生活跟大自然不断斗争挣扎的情景，不免使我油然生出将双手和生命一并献给他们的念头。

此刻，只要一有战事发生，总会有某种隐秘的喜悦在最高贵阶层的人群中散播开来，他们会很高兴地赶着去面对死亡的新危险，他们相信只要能为国捐躯，就可得到梦寐以求的允许，允许他们逃避自己的责任与理想，战争对他们来说，是一种获得解脱的方便法门，一种心安理得的方便法门。

我不想再说什么了，我的道德却对我说："隐居起来吧，那样你才能过真正属于自己的生活。不必去了解那些似乎对你很重要的东西！将世界的扰攘和战争的喧嚣，当作对你的喃喃低语，你也需要救助，同时也能完全了解那些人的痛苦，他们和你有着同样的不幸与希望。但是，我的朋友，真正的救助还是自助。"我要使他们变得更加勇敢、更加坚忍、更加单纯、更加愉快！我要教给他们某些现在少数人所知的东西，那就是快乐的友情！

339　女人似的生命

想从一件作品中看到极致的美，光靠知识和意志是不够的，那还需要极为难得的良机！等待云头从高山绝顶之上移去，等待太阳照临。

我们切不可只从正面来看，我们的心灵本身必然将它的面纱揭去，同时需要有一种外在的明白表达，这样方能对自己有所掌握。

由于工作、行为、人类和自然等很少同时相联，我相信所有存在于它们最极顶之中的，必定都是最好的，那些东西只向我们展露一次。

希腊人曾祷告说："让所有美丽的东西再现吧！"噢，他们如此向神明祈求，是有道理的，邪恶污浊的现实根本就不会供给我们美丽的东西。我的意思是说，尽管这个世界十分贫穷，但在美丽的时刻，它还是会充溢美丽的东西。

或许这就是生命最迷人的地方吧，它用一块镶金边的面纱遮盖自己的面目，面纱里却蕴藏着承诺、反抗、谦恭、讽嘲、同情、诱惑等种种的可能。

啊，生命是多么像女人！

340 临终的苏格拉底

我十分钦佩苏格拉底的勇气和智慧。这个"亵渎神明、迷惑群众"而使最傲慢无礼的年轻人也能感动得颤抖与啜泣的希腊人，不仅是一个唠叨的智者，在他沉默时，更是益发显得伟大。

我最欣赏的是，苏格拉底在临死前一直保持着沉默，那时他已进入一种神清气定的极高境界；也不知是毒药、死亡，还是虔诚、厌恶，或者其他什么缘故，反正他在最后一刻终于开了口：

"噢，克利多，我尚欠阿斯克利匹亚斯一只公鸡。"

快乐的知识

对明白的人来说，这句可笑而又骇人的"遗言"即意味着：

"噢，克利多，人生是一场痛苦的病痛啊！"

但是，果真是如此吗？像他那样一个旷达，在整个人生中，都表现得像个英勇的士兵的人，竟然会是一个悲观主义者！他对人生始终谨言慎行而不逾矩，对一切也从不下断语！苏格拉底曾因生命而痛苦，故而他也思考对生命施予报复，以隐晦、可怕、虔诚而冒渎的警句。

苏格拉底是否甚至有对自身施以报复呢？在他那崇高的人格中，是否尚有丝毫的雅量呢？噢，朋友，我们必须凌驾于希腊人之上！

341 最沉重的负荷

假如有个恶魔在某日或某夜闯入你十分孤独的寂寞中，并且对你说：

人生便是你目前所过、往昔所过的生活，将来仍将不断重演，绝无任何新鲜之处。每一样痛苦、欢乐、念头、叹息，以及生活中许多大大小小无法言传的事情皆会再度重现，所有结局也都一样，同样的月夜、枯树和蜘蛛，同样的这个时刻以及我。存在的永恒沙漏不断反复转动，而你在沙漏的眼中只不过是一粒灰尘罢了。

那个恶魔竟敢如此胡说八道，难道你不咬牙切齿地诅咒他？若在以前，你也许会回答他：

"你真是一个神，我从未听过如此神圣的道理！"

假如这种想法得逞，你就会被他改造，甚至被辗得粉碎。

一切的症结都在于"你是否就想这样一成不变地因循苟且下去？"这个问题对你来说，就是一个重担。你宁愿安于自己和人生的现状，放弃追求比这最后永恒所认定的更强烈的东西呢？

342 悲剧的起源

查拉图斯特拉三十岁的时候，便离家到山上去。在那里十年，他从来没为精神苦闷或孤独而烦恼过，相反，他生活得十分愉快。但是，最后他改变了心意。

在一个清新的黎明，他起身对太阳说道："伟大的星辰啊！假如没有那些被你的光明所滋润的人，你又有何快乐可言呢！十年来，你每天攀登我的穴居之处，要是没有我和我的鹰与蛇，你必然早就厌倦了自己的光明和这条行程吧。不过，每天早晨我们等候着你，汲取你那充溢的光明，我们祝福你。"

"看啊，我有如积蜜太多的蜂儿，已对我的智慧厌倦了；我极需伸手来领受这智慧的群众，而我也愿意赠送或奉献我的智慧，直到聪明的人再度因自己的疯狂而愉悦，穷困的人再度因自己的财富而欢喜。"

"我必须降至最深之处，就好像每到夜晚，你便航行到海的背面，把光明送到另外一个世界，啊，功德无量的星辰啊！我要像你一样'下山'去，我将要前往的人间是这样形容这种事的。"

"祝福我吧，你那平静的眼丝毫也不嫉妒这无上的幸福；祝福这满溢的杯子吧，水将泛金地流泄出来，并把祝福的回声散播到每个角落去！"

"看啊，这杯子又将转变成空的，查拉图斯特拉又将再度为人。"

查拉图斯特拉就这样揭开其下山的序幕[10]。

快乐的知识

注释

1 热那亚湾,意大利西北部一个著名港湾。

2 维苏威火山,意大利西南部,靠近那不勒斯湾的著名活火山。

3 奥费斯,希腊神话中的竖琴名手,据说其琴声感动木石、动物。

4 艾卡德,德国人,近代神秘主义者。

5 西伯利亚,俄国在远东的荒野地区,是俄国政治犯及一般犯人的流放之所。

6 参考卷3第251节的注。

7 阿尔及尔,阿尔及利亚的首都,地中海沿岸的港都,阿尔及利亚在二次大战前曾被法国人占据一段时期,故法风颇浓。

8 拉斐尔(1483~1520),意大利画家,与达·芬奇、米开朗基罗并称"文艺复兴三杰"。

9 克伦威尔(1599~1658),清教徒,英国政治家、军事家,曾于英国共和政治时代任护民官。

10 本节是尼采《查拉图斯特拉如是说》一书开宗明义的序篇第一节。

卷五

快乐的知识

343 喜悦的含意

最近发生的几件大事,其中最重要的莫过于"上帝已死",基督教的上帝,已不值得信仰,信仰上帝的信念已抛弃初次成为笼罩着欧洲的阴影。对少数人来说,他们对这出戏抱持着怀疑的态度,十分强烈与敏感,似乎从云端射出了几许阳光,一些古老深沉的信心也变为怀疑,对他们来说,我们的旧世界似乎显得日渐黯淡、可疑、陌生与"老朽"。

大体上,我们也可以这么说,这件事本身太过伟大、太过遥远,超出人们的理解范围,不必提许多已知的东西被取代、以及什么东西此刻已经使整个的人崩溃,在那些人心中,对过去的信念早就一直在不知不觉地被腐蚀着,只是因为碍于许多东西都根深蒂固地建基在那上面。

这个崩溃、毁灭和推翻的深广而无间断的进行过程,现在更加急迫,此刻有谁了解到必须有如能疏导巨变的导师与先驱,黑暗与衰败时期的预言者挺身而起?还有我们,天生猜谜语的人,均在期待,今天或明天,答案会在山上公布,并且被答案的矛盾所困惑。在我们这些未来世纪的初生婴儿与早熟孩童的眼中看来,那个一定会很快遮蔽整个欧洲的阴影想必已经来临。

我们是否依然受这件事影响,并未完全悲伤或消沉,而是更有无法描述的崭新喜悦、欢乐、慰藉、活泼、勇气与黎明?事实上,我们这些哲学家与"自由人"深深感觉到自己像是被一个新生的旭日照耀,旧上帝已死,心中交杂感激、惊喜、预感和期待之情。

最后,我们的视线似乎更加开阔,纵然还不够明亮,但我们的船毕竟能置诸大海，面对各种危险了；我们的海，也是前所未有的"开放之海"，再度展现在我们眼前。

344 我们可以虔诚到什么程度

据说，由于某些理由，罪犯在科学的领域中并没有公民权；只有当他们自愿屈就一种假设的谦逊，一种为了体验而预备的立场、一种有限制的虚构，通向知识领域的途径和其中特定的价值，才能得到认可，不过，依然要加上一项限制，这一切都必须接受警察的监督，由于我们的不信任，必须让警察来监督。

更确切地说，这岂不是暗示，只有当罪犯不再是一个罪犯的时候，才能获准进入科学领域吗？难道只有在一个人不再负有任何罪名时，才能接受科学精神的训练吗？大概是这样。我们看得出来，科学也必须以一种信仰为基础，"没有前提"就根本没有科学。我们无法预先断言"真理是否必要"这个问题，必须在原则、信仰或确信可找到解释的诸般情况之下，才可论定，"没有比真理更为必要的，相形之下，其他事物只有次等价值。"

这种追求真理的绝对意志究竟是什么呢？是不让我们自欺的意志吗？还是不欺人的意志？

假如我们被概括在一般法则之下，追求真理的意志也可以解释为这种形态：我不欺骗！尤其是"我不欺骗自己"。

可是，为何不欺骗呢？为何我们不能被欺骗呢？我们必须注意到前后两个问题的原因，属于不同的范畴：一个人不愿自己被骗，在这前提下，被骗是有害的、危险的或致命的，由此看来，科学是一种谨慎、预知与实用的延伸过程，大概有人反对这种看法吧。

什么？不愿被欺骗真的会较少受到伤害吗？

快乐的知识

　　你如何认清生存的每一层特征，又怎样决定信与不信孰占优势呢？假若两者都是必需的，科学应该由何处引出绝对信仰？

　　它所依据的坚信、所执着的真理比其他的一切都重要吗？要是真与不真都能不断证明自身是有用的，这种坚信就不会存在了。

　　目前存在于科学中的信仰，在这种功利的计算中不可能找出其根源的，纵然我们有"追求真理的意志"，但事实证明，那些作为最后都毫无效果。在科学的祭坛上，屠杀了一个接一个信仰之后，我们已对那种追求的执着十分了解，"追求真理的意志"并不意味着"我绝不允许自己被骗"，然而我们别无选择，"我绝不欺骗，即使对自己也不欺骗！"

　　做到这一点，我们就达到了道德的高度。

　　因此，"为何要有科学"的问题又被导回道德的问题，如果生命、自然和历史是"非道德"的，道德的要旨究竟是什么呢？一个有深度意识的人会因为对科学的信仰，而断定一个和生命、自然、历史等迥然不同的世界，同时在他们确定这另一个世界之际，也要否认我们眼前的相对世界呢？

　　我的看法是，我们对科学的信仰一直是基于一种形而上学的信念，虽然在今日有些人不信神，反形而上学，但我们依然以一种古老信仰，以基督教徒的信仰或柏拉图的信仰而高举劫后火炬，坚信上帝即真理，真理无上神圣。

　　问题是，如果真理自身总是倏忽多变，如果再也没有什么东西能够证明它自身是神圣的，不能否证它是错误、盲目与虚伪的，如果上帝自身成为最执拗的谎言呢？

345 道德问题

人格的缺点所带给我们的后遗症随处可见：衰弱、怯懦、不值一顾、自我贬抑以及自我否定的人格，已不再适用于任何良好的事物，尤其不适用于哲学。

"无私"，不管在哪里都没有价值可言，非常的问题便需要非常的关爱，唯有坚强、成熟、心灵稳固、基础深厚的人才足堪解决非常问题的大任。

就此看来，有两种不同的诠释，一个思想家站在关系到他的问题、他的命运、他的需求，甚至他至高无上的乐趣等个人的观点上；还是只立于非个人的，以一种漠然的、探索的思想触手来感觉或攫取这些观点的立场上。

就后者而言，我敢说不会有任何结果可言，非常问题必然无法为怯懦之人或癞蛤蟆之辈解决，这与他们的胃口不合。为什么我从未见过任何人在这种情形，在视道德为其个人需求、感情、喜悦及情绪等诸问题下遵守道德？很显然，到目前为止，道德根本就不曾成为一种问题，它一直被视为人类在猜疑、不和以及冲突之后所达到的基点，是思想家甚而可以自本身获得歇息，可以恢复呼吸而苏醒的安宁神圣之地。

我未曾见过任何人敢非难这种道德价值的评估。在这种关节上，我甚至不曾见过科学的好奇尝试，以及心理学家和历史学家吹毛求疵、暗中摸索的想象力。这两者均可轻易触及一个问题，抓住问题的侧面，反却陷于弄不清楚究竟掌握什么的境地。

在极困难的情况下，我发现了一些为了完成价值评估，为了弄清这些情况的来龙去脉，为了某种历史目的而仅存的数据。在一个个案中，我竭力用各种方法来鼓舞这种历史的倾向和才能，但是到目前为止，却感到一切均徒劳无功。

快乐的知识

　　从这些道德的历史学者，尤其是从英国人那里，根本就学不到什么东西，他们本身经常会被一种界定的道德所影响，并且其行动有如穿戴甲胄者和做人随从一般毫无意识，也许是仍旧真心诚意地重复着欧洲基督教普遍的迷信，道德行为的特征就是包括了自制、自贬、自我牺牲，相互了解、同患共难。

　　这种前提一般的错误在于他们坚持人类，至少是文明人之间，对道德的某些主张要有相当的一致，他们归结这些主张即使是对你我而言，也有所束缚。当他们明了道德评价在不同民族之间必须是有别的事实之后，他们又归结到任何道德都没有束缚力，这两种结论都是同等幼稚的愚见。

　　另外，他们所犯的更难解的错误是，他们发现并批评一个民族自身的道德可能有的愚蠢见解，或者是人类对一般道德的见解，他们论述来源、宗教的约束力、自由意志的迷信以及种种类似的事项；他们认为仅仅凭着这些行为就已经批评了道德本身。

　　然而"你应该如何如何"这种法则的价值，以及对这种法则的种种见解，会与常人的理解截然不同，给人特立独行的感觉；同时还必须从错误的杂草之中把它辨别出来，而它或许早已在错误里面根深蒂固了。就好像一种药方对一个病人的价值，完全系于他对药物是否有科学认知，只是认为药物正如同老妻给予他的帮助。即使在错误中也能产生道德；但是就此而言，价值问题却根本就不曾被提起。迄今还没有人查验过最著名的药方，价值究竟如何，为了达成这个目的，最重要的便是先存疑，而这正是我们的工作。

346　疑问的注解

　　难道你不明白吗？说真的，想要了解我们，一番努力是不可缺少的。我们寻求适当的词语，也寻求他人的注意与听闻。我们究竟是怎么样的人呢？根据比较老式的措辞来看，我们也许是无神论者、不信神者，甚至是非道德者，然而我们却不认为，这些名词就可以将我们界定清楚，这三个名词合成的层面可能适用；但一般人却无从想象。你们这些心存怀疑的朋友，根本想不出在这种情况下我们的心灵状态究竟如何。

不！我们对摆脱束缚而为自己寻求一种信仰和目标的人，对由于疑惑而殉难的人，已不再有任何激情与痛苦的感受！我们早已完全坚信，且因为这种信念而变得冷酷无情，在这个世界上没有一件事是操纵在神明手中的；同时也并非要依照人类的标准，一切才能合理、慈悲、公正地进行，我们知道，我们置身其中的世界就是个邪恶、不道德、没有人道的世界，许久以来，我们根据自己崇高的希望和意志，根据我们自己的需求，故意歪曲、虚伪地解释这个事实。

人类是一种崇拜的动物，也是一种怀疑的动物，因此对这个世界并不如我们相信的那么有价值这件事，也就必然存疑了。如此的多疑！如此的哲学！我们小心翼翼地避免说破这个世界并没有什么价值的事实；对我们来说，现在的人坚信虚构的价值甚于真实世界的价值，这是十分可笑的，正由于这个缘故，我们就收回迈出的脚步，如同从人类空想及无理性的错误中折回来一样，这是长久以来都不曾认清的。

这种错误在现代悲观主义中仍有最后的表现；在佛陀的教诲中，有一种较为古老而强烈的表白；基督教也包含在内，但是正确地说来，它不明显，暧昧不清，不过依旧引人注目。就"人对世界"的整个态度而言，人否定世界的法则，同时把自身确立为评定一切事物价值的标准，是这个世界的法官。

最后，他将生存本身放在天平上称量，发现它太轻了。我们逐渐领悟到这种态度，荒谬不当，让人厌恶。当我们发现"人与世界"平等并存，只不过因为一个了不起的小字"与"而分隔时，不禁要莞尔一笑了！

但这究竟怎么回事呢？我们在嘲笑的同时，是否已进一步鄙视了人类？因此，在悲观主义中也鄙视了我们所认知的生存？我们难道不曾怀疑迄今依赖我们的崇敬而存在的世界，我们也许能忍受生命，是否能忍受我们自身与这个世界之间的对立？一种关心自身的冷酷、彻底、根本的怀疑，经常使我们欧洲人对力量感到困扰，并且借助这种只能二中选一的选择，更使我们轻易地面对下一代，祛除崇敬，祛除自己！后者会成为虚无主义，但前者难道就是非虚无主义了吗？

这就是我们对疑问的诠释。

347 信仰者与对信仰的需要

为了要夸示，一个人能有多大信心，他必须具有很强的"见解"，这种见解是他不希望有所动摇的，这样他才能掌握自己，是对他权力的一种测度，是对他弱点的测度。

在我看来，欧洲旧大陆的大多数人，目前似乎仍然需要基督教，信仰仍然存在。人就是这样，他可能反驳神学教义千百次，而一旦他需要，却又可以一次又一次地把神学教义视为"真实的"。

这是根据圣经上有名的"权力的证据"所说的。

有些人仍然需要形而上学，但也急切"渴望确实性"，这种确实性目前已在多数人当中注入科学和实证主义形式，也渴望得到某种稳定的东西，然而由于这种渴望过于迫切，确实性的建立反而更缓慢、也更疏略，即使连这点，也渴望能获得一种掌握和支持。简而言之，虽不能说是弱点的本能创造了宗教、形而上学、各式各样的信仰，但是至少维持了它们。

事实上,在这些实证哲学系统的四周,萦绕着一种悲观主义的阴郁气氛,它是对某种厌倦、宿命论、幻灭,是对新幻灭的恐惧,是明示的憎恨、愤怒和无政府主义的激荡,甚至也是任何脆弱感情的症状或口实。

即使拥有当代最聪明的敏捷周全,也会在角落和巷弄中迷失,举例来说,如主战论者[1],巴黎自然主义者小小的美学信条,圣彼得堡形式的虚无主义,凡此皆显示对信仰、拥护、志气及支持物的需要。

对缺乏意志的人而言,最渴望、最需求的莫过信仰。作为命令的情绪意志,就是主权和权力之间一种有差别的特征。一个人愈是不知道应当如何下命令,愈迫切渴望接受命令,而且是坚决的命令,来自神祇、王公、特权阶级、医师、布道者、教义、政党意识等。

由此,或许我们可以推论世界的两大宗教,佛教和基督教之所以能兴起并迅速扩张,实在是其来自:特异的"意志弊病"。事实上,也确实如此,这两种宗教均因意志弊病过分夸大的渴望而发扬光大,由于一种不可避免的、一句"你应该……"、一种含有失望的希望。这两种宗教在狂热分子意志薄弱的时候,便成为他们的导师,给无数人提供一种支持和运用意志的新可能,以及一种欣然的喜悦。

事实上,狂热是唯一可以激发弱者和优柔寡断者的"意志力"以及整个知性体系的一种催眠剂;它先大量培养一种特殊的观点和特别的情感,而后才支配,基督教称此为信仰。当一个人达到被命令的基本信念时,就自然成了"信仰者"。

反之,一个人也可以想得到自我决定的喜悦和力量,以及意志的自由,因此,这个精神不需任何信仰,不需任何对确实性的渴望,而是习惯于借着微薄的羁绊与可能来支撑自己,即使是在深渊的边缘也同样能振衣长啸，这种精神便是优越的自由精神。

348 学者的源起

欧洲的学者都来自不同的社会阶层与社会环境，就像一棵植物不需要特定的土壤，在本质上，他自然是民主思想的同类。然而，这个起源却背叛了他本身。如果一个人将自己的目力训练到可以在知识书籍或科学论述上认出学者知性的特质，我们就会惊异地发现这些学者及其家庭历史的背面，特别是名称和职业本质。

对感受的表达，"终于证明了我已将它完成"，一般而言，祖先的血液与学者本能在其可以目睹一切的隐蔽处证实了"所完成的工作"，证实的信念只不过是曾被劳工家庭景仰多年而称之为"好工作"的指标。譬如：户籍员和各种办公室职员之子，其主要工作就是整理各种资料，并将其放在抽屉中排列整齐。

一旦成为学者，他们便会有一种倾向，即将问题系统化之后，便认为这个问题已经解决了。有些哲学家，除了拥有一个能将事物系统化的头脑之外，一无所有，而那种头脑还是其所从事的职业所造成的一种本能。分类或归纳范畴图表的才能往往会背叛了某些事物，一个人之所以会成为其父母的子女，却是毫无来由的。

一个倡导者的儿子，即使身为研究员也必然是一个倡导者，他一开始就会设法将这个观点带进他的案例中，再寻求站在正确的一方。人们可以由他们无邪的保证，认出新教牧师及牧师的儿子，他们身为学者，当案例被执着的热诚提出来时，他们已认定这些案例可获得证实与认可，他们早就习惯了人们的完全信任，这要拜其父祖的"行业"所赐。

反之，一个与商业环境及其种族历史一致的犹太人，一旦感到人们对他的信任，绝对无法习惯。就这件事情来观察，犹太学者全都十分强调逻辑，也就是说，借着各种理由强使他人同意，他们知道即使种族和各阶层的偏见反对他们，即使人们不情愿相信他们，他们也还是需要改变反对者的看法。

事实上，没有比逻辑更民主的了，逻辑丝毫不尊重个人，甚至能把鹰钩鼻说成直鼻。在此顺便对逻辑思想加以说明一下，关于"清洁剂"的知性习惯，欧洲受犹太人的帮助颇大，尤其是德国人，他们一直是一个不讲理的民族，即使在今天也是要常常"洗头"[2]，犹太人的思想影响到哪里，哪里的人就会被更精密的分析、更敏锐的辩论、书写，更清晰更精简的说理所调教。这就等于说：与一个民族学"讲理"，就是他们的日常操练。

349 再谈学者的源起

仅仅寻求自卫的本能，是苦恼的表征，是对真实的限制。

生命的基本天性，旨在权力延展，每当我们考虑这一点，常会怀疑自己的自卫本能，甚至宁愿委屈牺牲。当一些较为独特的哲学家，如斯宾诺莎[3]，见过自卫本能的生命特质之后，一直处于苦恼之中。现代自然科学和斯宾诺莎的理论大有关联，尤其是进化论当中，难以令人信服的"生存竞争"的片面之见，可能由于与多数探究者的出身有很深的关系，单看这一层面，他们和一般人没什么两样，他们的祖先也是贫穷卑微的，由直接的经验而深切了解到生活的艰难。

在整个英国的进化论当中，一种窒息的气氛始终笼罩着过度拥挤的英国，贫贱之人因穷困而散发出来的气味处处可闻，但身为一个自然的研究者，他应当从可卑的人性角落里挣脱出来；然而，看各种愚行，我们却发现，在自然中困扰苦恼的状态并不普及，只是多余之物。为生存而挣扎仅仅是一种例外，一种为了生活而暂时抑制意志的行为；这种挣扎无论大小，在各处都造成优势，增加扩张，形成一种与权力意志一致的力量，而这正是生存的意志。

350　向人类的笃信致敬

与教会抗衡，比反对雕刻师的肤浅规则，更有深奥的冥想性质，也就是说，愈是多疑的坏人，愈不相信生命的价值，也愈怀疑自身的价值，怀疑人类的一般本能，故而，他的官能快感和"恻隐之心"也均与他们形成对立。

整个罗马教会，就奠基于人类天性潜藏的南欧式怀疑态度，这种怀疑态度又是南欧人从东方，同时还从神秘古老的亚洲学习到的沉思精神中传承过来的。另一方面，新教则主张简单、文雅、注重表面，略含叛逆[4]，尽管如此，直到法国大革命，才首度将王权完整庄严地交给"好人"，交到绵羊、骡子、鹅，以及各种肤浅的一切的手中。

351　向僧侣的天性致敬

哲学家总觉得自己对智慧的看法，与一般人相差极远：慎重明辨、朴素宁静、虔诚恭敬，以及乡下牧师的平易近人，这些无不严肃、深沉地凝视着生命，这也许是因为哲学家并没有尝试和一般人或乡下牧师一样追求智慧。哲学家大概也是最后才明白，人们应该了解与他们相距颇远，且为思想家所热衷的某些事物，而这些思想家必须经常生活在最大困难与最大责任的乌云中，因此，他们无法看到事物的整个底细，更不必说有什么公正无私或客观的作为。

一般人崇敬完全不同类型的人，而根据不同形象塑造一种"圣者"理想，他们每每对这一类型的人予以最高崇拜和赞颂，这些人拥有温柔、严肃、单纯、谦虚等僧侣式性格，一般智能所能给予的崇拜和赞颂，还有谁能像这些人一样普受大众的崇敬？这些人与其阶级相配，地位崇高；由于他们善良而被挑选出来，奉献、牺牲，他们自身也相信自己是为上帝而牺牲。

在这些人面前，人们不觉有罪，倾吐心事可以消除他们的秘密、顾及一些更糟的事情；"和自己沟通的人"能祛除自己的心事，做"祷告"的人可以忘掉心事。在此，有不可缺少的，对污水和净水均需要的精神污垢，并且需要迅速的爱的交感，以及一颗强烈、谦逊和纯洁的心。他们就牺牲了自己，让自己适合这种非公共健康部门的服务，身为神职人员便是一种牺牲，永远是一种人类的牺牲。

一般人将这些因信仰而牺牲、沉默、庄严的人视为"智者"、圣贤之人，原来"不信"变成"笃信"，谁想剥夺人们那种表现与崇敬？不过为了对另一面公平起见，在哲学家眼中，神职人员依旧被视为"人"，而非"圣人"，他们本身并不信仰"圣人"，而他们也已在这种信仰与迷信中找到了"人"。希腊人在创造"哲学家"这个字眼时，十分谦逊，让最傲慢的演员套上"智者"的名词，这种极端傲慢又自我夸耀的谦逊，和毕达哥拉斯与柏拉图如出一辙。

352　为何道德必不可少

一个赤身裸体的人，难以入目，我说的是欧洲男人。如果一桌原来高高兴兴共餐的人，突然发现有人被妖怪做法而脱去衣袍，我相信，不仅原来的欢乐气氛立即荡然无存，而且有再好的胃口也会倒尽，似乎我们欧洲人总难摆脱这种"衣着"的伪装。

然而，"道德之士"的伪装，在道德法则及礼仪规范的表面，以及我们在责任、德行、公众情绪、荣誉和毫无私利掩蔽下的行为，难道也不该有支持它的最好理由吗？我并不是指，人性的弱点与卑怯应该掩饰，我们心中邪恶狂野的兽性，应该掩饰；相反，我的意思是，我们身为被驯服的动物，屈辱可耻、需要道德掩饰，欧洲人的"内在人格"，很久没有足够的劣根性"让自己公然暴露"。

欧洲人以道德来伪装自己，他变成一种有病、跛足的动物，有很好的理由被驯服：他几乎是一种畸形、不完整、虚弱和愚蠢的东西……这可不是因为掠夺者凶残，而是因为群居动物平庸、忧虑与倦怠，并且还发现道德伪装，不可缺少。道德，粉饰了欧洲人，让我们看清这一点吧。正是华丽的道德，才使欧洲人看起来高尚、体面、神圣。

353 宗教的起源

从一方面来说，宗教创始者的真正发明，是建立一种特定的生活模式及日常习俗，并使人们接受、沉浸其中而不知倦怠；从另一方面来说，也给这种生活模式一种解释，并以最高道德观念来启发人们。因此，它成为人们为之奋斗不已，在某些情况下，甚至奉献生命的至善之物。

事实上，后者的发明比前者重要。

这种生活模式往往已经与其他生活模式杂然并存，却不明白具体价值。一个宗教创始者的创意与输入，通常都以他见到并择取生活模式，并把可被利用的事实神圣化，通过一个圆满的诠释而把它揭露出来。譬如，耶稣（或者是保罗）发现在罗马帝国统治下，一般人生活得谦虚、贞节、消沉。

他就诠释这种生活，并给予最高意义和价值，鄙视其他生活模式，摩拉维亚教徒[5]的宁静、狂热、神秘、隐藏的自信，日益增加，最终准备去"征服世界"，征服整个罗马帝国的上层阶级。

佛陀也发现人类的同一类型，他发现，善良和蔼的人，事实上散布在每一阶级、每一种姓和每一社会的每一阶层中，重要的是，这些人是无害的，由于怠惰之人，使他们过着节制的生活，几乎毫无所需，也毫无所求。他明白这一类型的人，由于惰性，不可避免地逐渐接受一种允许其免入轮回受苦（生、老、病、死的生命过程）的信仰，这种"洞见"便是他的天赋智慧。

宗教的创始者确实能掌握住一般民众的心理，深深了解一种特定而平均类型的灵魂，而后者却始终未能了悟：他们就是同一类人，是宗教创始者使他们聚在一起。

因此，宗教的创立永远是一种长期认知的仪式。

354 "人类的天赋"

当我们要感知用何种方法免除意识时，才会有意识，才会意识到自己。

在这种感知之始，我们才从生理学和动物学的角度来讨论它，因此需要两个世纪的时间来赶上德国思想家莱布尼茨事先提出的暗示。事实上，我们可以思考、感觉、希望、追忆，并且在各种类似感知上均能有同样"表现"，却都不需要"意识"。

整个人生就好像在镜子中一样，无法看到自己；事实上，人生中的绝大部分用不着对照镜子，也一样能延续下去，即使是我们的思想、感觉和自由意志的生活，也不必整天对着镜子。虽然这种论调在年纪较大的哲学家听起来，颇觉痛心。如果意识不必要，它的目的又是什么？

如果你听我的回答，这项假设或许毫无理由，但在我看来，意识的敏锐和力量一直都与一个人或一个动物的沟通能力成正比，沟通能力在现实生活中又和沟通需要成正比，后者不易了解，如同个人自身沟通的技巧，明了其中的需要还必须依赖他人的需要。

快乐的知识

但是，在我看来，这似乎与整个种族以及世代承袭有关，日常必需品和需要长久以来一直驱使人们与伙伴沟通，并迅速敏锐地明了彼此，最终得到一种沟通技巧。仿佛他早有积聚，现在就等着一个继承者毫不吝惜地将其挥霍。所谓的艺术家就是这些继承者，雄辩家和传道者、作家也是如此。这些人来自"代代无穷"的继承的末端，总是"晚生"，就字面意思来说，他们的本性就是浪费者。

假如这个观察正确，我就可以进一步推测，意识大体上必须在沟通的压力下发展而成，从一开始，它就只有在人和人之间，特别是在上下、主从之间，才是必要有用的，并且只按实用比例发展。

适当地说，意识只不过是人际关系网，也只有如此，它才会发展至今，隐士、野兽般的人不需要关系网。事实上，我们的行为、思想、情感和情绪等，都在意识的范围之内，结果就造成一种可怕、持续的"必须"主宰人类的命运。身为最有危险的动物，他需要帮助和保护自己，他需要友伴，他必须能表白他的苦恼，他必须知道如何使别人明白他的意思，为此，他首先就需要"意识"，首先必须"知道"自己缺乏什么，知道自己的感觉、自己的想法。

我再重复一次，人就像各种生物，不断思考，却不自觉自知。思想，成为意识的那部分，不过是最小的一部分，也可以说是最表面的、最坏的一部分，这个思想的意识以语言就可表示，经此，意识的起源也就揭露出来了。

简而言之，语言的发展与意识成为自我意识的理性的发展，是携手并进的。进一步说，人与人之间，不仅只有语言扮演桥梁的工作，还有容貌、压力和姿态等等，我们逐渐意识到自己的感觉，足以稳定这些感觉并仿佛要置于我们自身之外的力量，所有这些都依照象征的凭借，依照与他人沟通需要增加的比例而增加。

发明象征这种工具的人，通常也是自我意识较为敏锐的人；人是群居动物，会意识到自己，他在意识之中，愈来愈深刻，意识并不适合单独生存的环境，这是社交与群居的天性。

由此我们可以推论，因为关系着自治和群居的效用，它才巧妙地发展；结果，虽然其最佳意愿就在每个人尽量了解自己、知道自己，我们每个人总是意识到自身的非个人性、一般性；我们一想到它，常认为它好像会被意识的特性所压抑，借着其中专制自大的"人类天赋"，被解释为对群体的透视。

基本说来，我们的行为就是偏于个人、独特、完全单一的态度；然而，一旦我们将其转化为意识，它们就再也不是这副模样了。就我所知，这是所谓的现象论和视角论；动物意识的天性，涉及我们所能意识到的世界，只是表面和象征世界的批注，我们所意识到的一切事物都因此变得肤浅、贫乏、笨拙；一种普遍化、一种象征、一种群体的特质，随着意识进化，联结着一种巨大而彻底的曲解、虚伪、肤浅和泛泛而谈。

最后，逐渐成长的意识就是一种危险，任何与最具意识的欧洲人相处的人，甚至还知道它是一种弊病。我所关心的是，我们可以测知它并非主观和客观的对照，我将这差异留给仍然被文法、被所谓的一般形而上学的圈套所困扰的认识论学者。它也不能是"事物本身"与现象的对照，因为我们还不够明白判定这种区别的办法。

事实上，我们没有任何感知器官，我们所知道的、所相信的、所想象的，和对人类益处一样多，即使我们所说的"益处"只是一种信仰、一种想象，或者是一种最致命的愚行，终有一天我们会毁灭。

355 我们的"知识"概念

我在大街上得到这项解释。我听到有人说:"他认识我",所以我自问:"人类从知识当中真正了解了什么?当他们追求'知识'时,他们想要的究竟是什么?没有比追溯已知之事更奇怪的事了。而我们这些哲学家借助知识,是否真的能了解更多的东西?所谓已知,是指我们已经习惯一般的状况,不再惊异,任何我们习惯的规则、我们置身其中安逸舒适的事物,究竟是什么呢?"

"我们求知的需要,不就是已知的需要吗?发觉任何光怪陆离、非比寻常、疑问重重的事物的意志,难道不再使我们焦虑不安了吗?难道不可能是恐惧的直觉责成我们求知吗?难道有所领悟的人只是因为重获安全感才愉快吗?"

有个哲学家在追溯世界"理念"时,想象"已知"的世界。啊,难道不是因为他早已知道、熟悉这个概念吗?因为他对"理念"的恐惧少得多。哦,这个领悟者的节制,让我们不妨来看看他们的原则,看看他们对这个谜,对这个世界的解答!当他们再度在事物之中或事物之间找到什么时,在我们深知的事物背面(例如:乘法表、我们的逻辑、意志和欲望)有了任何新的发现时,就立即会非常高兴。

因为,已知事物很容易明了其含义,在这点上,他们意见一致。即使是那些领悟者之中最慎重的人,也认为已知事物至少比未知事物更容易了解,譬如说,从"内在世界"以及"已认知的事实"发展到外在,是经过一种极有规律的次序的,那是我们比较清楚的世界!错误中的错误!已知一切是我们所习惯的,而我们所习惯的又是所有事物中最难了解的,领悟到它是一个问题,感知它是奇怪的、遥远的,且在"我们的外部"。

自然科学有足够的确定性,心理学以及意识因素之批判相比较之下得到的结论，就是根据他们以陌生事物作为客体事实而定，这几乎就是希望把所有不陌生的事物当作客体一样矛盾、荒谬。

356　欧洲怎么变得"更风雅"

即使在今日，在许多中止停滞有待坚持的过渡时期，生活依旧对每个欧洲男性坚持一种特定角色，即他们所谓的使命；有些人拥有选择自己所要扮演的角色的自由，然而绝大多数的人还是被角色所甄选。

这样的结果，真够奇怪的。几乎所有欧洲人在年纪逐渐增长时，都会对自己的角色感到迷惑；他们本身便是"一场好戏"的牺牲品，他们忘了一旦自己的"使命"确定之后，就会随时为任性和专断所支配，也许还有许多其他角色可以扮演，然而一切都太迟了！我们若更仔细地观察，就不难看出，他们的性格，事实上就是由他们所扮演的角色造成的，是人为的天性。

在生命中的某些时期，人们往往会怀着不可动摇的信心虔诚地相信他们的生活模式使他们注定要从事这个行业，他们根本不曾意识到自己有扮演其他角色的机会，也不知道其中的专横，更不明白"命运决定一切"是无处不在的。

阶级、同业公会，以及继承而来的世袭商业权威，借助这种信仰，培植出不同寻常的社会高塔，使中世纪显得极为特殊；而在所有事件之中，有一样仍然是他们深信不疑的，那就是耐力，坚忍是世上最高层次的品格。但是，也有与此完全相反的时代，即适当的民主时代，在这个时代里，人类逐渐忘却这种信仰，另一种冒昧的坚信和颇为矛盾的观点模式，取代了前者而崭露头角。

雅典人的坚信，便是伯里克利[6]时代最显著的特色，现今美洲人的坚信也日渐成为欧洲人的坚信；每个人都认为自己几乎什么事都能

卷五

211

快乐的知识

做，几乎任何角色皆能扮演，同时人人皆以自身做实验，去尝试全新的一切，以愉悦的心情去尝试，其中所有天性都消失，蜕变成人为的东西。

希腊人采纳了这种角色的信条，即艺术家的信条，如果你乐于如此称呼，一步又一步地接受考验，众所周知，这是一种奇怪的转变，各方面都不值得模仿；他们成为真正的舞台剧演员，并且为之心醉神迷。他们征服了全世界，最后甚至成为世界的统治者，是希腊的历史征服了罗马，而非如一般无知的人所说的，是希腊文化征服了罗马。

然而，我所担心也是目前显而易见的，我们现代人业已站在同一条道路上了；无论何时，当一个人开始自觉到他所扮演的是个怎样的角色，而他又必须将一个舞台剧演员的角色扮演到何种程度，他就真正成为一个舞台剧演员了。

人类的新植物群和动物群应时而生，这是在较稳定，较有限制的时代所无法滋长的；于是，每逢历史上最有趣，也最愚蠢的时期，他们便可崭露头角，而其中各式各样的"舞台剧演员"就是真正的主宰。

正是由于这一类型的人所受到的伤害愈来愈严重，结果他们无能为力；在所有伟大的"建筑师"当中，建筑的力量已经逐渐瓦解，为遥远的未来计划准备的勇气，也遭受重挫，具有创造能力的天才开始缺乏。谁敢冒险承担完成黄金时代所定的工作？基本信念逐渐消失，以个人所能拟订、应承和参与的未来计划为基础，倾已所有做一番奉献、牺牲；结果，人的价值和重要程度，就如同一个大建筑物中的小石子一般，为了达到其目的或效用，他首先得坚硬，他必须是块"石头"，而不是一个舞台演员。

简而言之，唉！这个事实过了一段时间之后将会成为秘闻，以旧名词的意义来说，便是一个社会，此后不再被建造，也无法再被建造了；因为，要建造这种结构，样样缺乏，尤其是材料。我们每个人都不再是社会的材料，这是当前的事实！

在我看来，还有一件不重要的事情，这件事同时是最短视，最不虚假，且无论就哪一方面来看，都是当今人类最嘈杂的一种，我们的朋友，社会主义者、信仰、希望、梦想，尤其是歇斯底里的尖叫和一些狗屁文章，几乎都形成一种对立。

事实上，我们已经可以看出未来他们所用的口号："自由社会"，在每张桌子、每面墙上皆可看到。自由社会？可笑！真是可笑！各位先生，你可知道他们凭借什么来建造这个自由社会？凭木制的铁！凭著名的木制的铁！甚至还不是由木头制成的……

357 老问题："德国人是怎样的？"

让我们不要计较德国知识分子带给我们的真正哲学思想，他们是否也计较整个民族的信用呢？我们能否说他们同时是"德国心灵"的作品？就我们习于思考的感觉而言，这些作品能不能成为一种象征，譬如说，柏拉图的理念狂，他对理念几乎有一种宗教式的狂热，这是"希腊心灵"的明证吗？或者，反之才可能是正确的？他们个人对整个民族而言是否有相当的异常，就像歌德无愧于心的偶像崇拜？或者如俾斯麦的马基雅维利主义，即俾斯麦所谓的"实用政治"？也许我们的哲学家与"德国心灵"的需要背道而驰？简而言之，德国哲学家是否真的是有哲学思想的德国人？

在此，我提出三个例子。

第一，莱布尼茨[7]独一无二的洞察力，这个洞察力不仅使他比笛卡儿有利，同时也比与他同时代研究哲学的人都要有利，这种意识只是一种心象的意外，而并非其必需或主要的特质。因此，我们说，意

快乐的知识

识只不过是我们精神和心灵世界的一种状态（也许是一种病态），而绝非世界本身。在这个思想中，是否有任何德国人尚未尽心竭力去探索的深奥之处？有没有任何理由认定一个拉丁人不会在这种外表的反象上犯下错误？

其次，让我们回想一下，康德在诠释过因果律之后，写下了对疑问的批注，他并不像休谟[8]那样，怀疑它的合法性；相反，他在这个意义重大的批注中，谨慎地界定其范围，我们的注意力尚未脱离这些界限。

接着，再看第三个例子，黑格尔[9]那令人惊讶的打击，当他冒险在传授各类概念会彼此相长的时候，还并不擅长逻辑用法。欧洲的思想家由这个理论已可预见达尔文主义最后一项伟大运动，要是没有黑格尔的话，达尔文便只是个默默无闻的凡人。在黑格尔首次将进化的决定性概念带进科学革新中时，是否有任何原本就属于德国人所有的东西？

是的，毫无疑问，我们在三个例子中都察觉到，有些我们自己的东西"被发现"或预测，我们为此感激，同时也惊讶；这三个原则中的每一个都是德国人的自我忏悔、自我谅解和自知之明当中最为细心的一部分。我们赞同莱布尼茨所谓"我们的内心世界甚为丰富、宽阔而且隐秘"的说法；不过，身为德国人，我们就和康德一样，对自然科学知识的根本妥当，对一般可被称为因果作用的事物都感到怀疑，而可知的一切在我们目前看来似乎没什么价值。

我们德国人应该都会像黑格尔一般，就算以前不曾有黑格尔这个人存在，因此我们不把一切归因于"是"，而归因于意义更深、价值更高的转化和进化，我们对"存在"这一概念的妥当毫不相信。这是比较特殊的事例，我们无意对人性逻辑，对逻辑本身，对唯一的逻辑让步；相反，我们宁可相信这只是个特殊的例子，而且可能是最奇怪，也最愚蠢的一个。

叔本华的悲观论，也就是说，存在价值的问题是否也属于德国人，我倒认为不是。在这个问题之后，发生的事儿就可以预见；因此，一个心灵的天文学家可以计算出这件事将会发生的时刻，基督教上帝的衰微、科学无神论的胜利，是全球性的欧洲事件，其中每一民族都参与了仪式并分享荣耀。

反之，倒是德国人耽误无神论的胜利甚久，并且曾使之陷入最危险的境地，尤其是黑格尔，更使这胜利迟滞延搁，他企图以我们的第六感"历史感"，来说服我们相信存在的最后神性。

哲学家叔本华是德国第一个自认不变的无神论者，他对黑格尔的敌意由此可见端倪。他认为存在没有任何神性，这是非常明了的，也容易证明，因此是毋庸置辩的事实；当他看到任何人对此感到犹豫或做旁敲侧击的刺探时，常会失去哲学的沉着而变得激动。

由此看出他那刚直的性格，他提出"绝对诚实的无神论"这个问题，便是欧洲意识最艰苦的胜利，也是两千年来对真理训练的一项验收行动。最后，对上帝信念的那套谎言也就无法再继续容忍下去了。

我们可以看出来，基督教上帝究竟获得了哪些成果，基督教道德的观念和诚实的理念，也日益严谨；无论付出的代价如何，基督教意识自白的奥妙，终究解释并提升了科学的意识和知性的纯度。将自然视为神的善与眷顾的明证，就是对自然的蔑视；以神性的理由来解释历史，就等于对世间道德次序和最终目的做证明。

以一个虔诚的信徒长久以来的态度，去解释个人的经历，每件事皆是天意，是神眷顾的暗示，是某些为了拯救灵魂而被计划的要素，凡此种种已成过去，它已意识到要与之对抗，所有敏锐的意识均视其为声名狼藉的和可耻的，同时也是虚弱的、衰退的和怯懦的，因此，我们不妨说：我们是优秀的欧洲人，是欧洲最勇敢的自我征服者的后裔。

当我们如此反对基督教的解释，并蔑视其"意义"而认为那是虚伪的时候，我们便立即面临到叔本华所提出的问题：活着到底有没有意义？这个问题需要几个世纪才能获得完全的了解，而叔本华对这个问题的答案是，如果我可被原谅，一个早熟而幼稚的答案，只是妥协。

他所提出的问题，一如我们先前所言，以身为一个优秀的欧洲人、而非德国人的身份，或者德国人凭着对叔本华问题的了解，是否证明了他们与他内在的联系和关系，他们对此问题的准备，以及他们对此问题的需要？

叔本华提出这个问题时已经太晚了！在德国，有许多思想观念甚至刊物兴起，但却仍不足以使我们决定支持这个更亲近的关系；反之，有人可能把重点放在叔本华悲观论中较为特殊的难处上面，就此而言，德国人显然不曾把这个问题视为要素。在此，我无意暗示爱德华·凡·哈特曼这个人；相反，即使此刻对我们而言，他非常有先见之明，也无法祛除我以前的疑问；他自始便是个声名狼藉的恶棍，不仅嘲弄过德国的悲观主义，甚至还"遗留"一个事实，即在这个欺诈成风的时代，一个人还可以欺骗德国人多久！

更进一步讲，我们是否也评估了德国人的光荣？那个终生以研究实际辩证的不幸和"个人厄运"为乐的班森的古老论调，是否也是德国的？（关于班森，过去我曾推介过他的著作，其目的在于作为反悲观的参考，我甚至认为他那优雅的心理学对即使是最迟钝的身体和心灵都有减轻与舒缓的作用。）在这些诚实的德国人当中，若将这种附庸风雅的人或老处女称为令人作呕的贞洁提倡者是否恰当呢？毕竟他可能只是个犹太人。无论是班森或爱德华·凡·哈特曼都无法针对叔本华的悲观论问题，给我们提供一项值得信赖的答案。

在叔本华对这混淆不清的世界投以恐惧的一瞥时，世界已在他眼中变得愚昧、盲目、疯狂，更充塞着种种问题和困扰。而上述诸人无法解释这一悲观看法，究竟只是德国人里面的一个例外呢，还是一种普遍的现象？值此情况之下，处于最显著位置的其他人，诸如我们英勇的政策和兴高采烈的主战派[10]却提出了恰好相反的论证。不！今日的德国人绝不是悲观主义者！至于叔本华，他之所以成为一个悲观论者，容我再说一遍：就是基于一个优秀的欧洲人的身份，而非德国人。

358 低阶层者对精神的反抗

欧洲人发现自己身处一片辽阔的废墟中，某些东西高踞不下，有些则逐渐腐败阴暗，大部分均已倾圮倒塌：这情景倒是很美，我们要到哪里去找比这些断壁残垣更美的景物呢？四处还蔓生着高矮参差的野草。

这儿是一座教堂的废墟，我们目睹这座雄伟的宗教建筑倒塌毁损，夷为一片平地，人们对神的信仰已被推翻，基督教禁欲主义的理想也在做最后的挣扎与奋战。这是一座历史悠久而坚固的宗教建筑物，也是硕果仅存的罗马建筑！它当然不是毁于一旦的，而是经过天长日久的地动山摇，各种精神力量的贯穿、斧凿、啃噬和腐蚀，才造成整体毁灭。

然而，最令人纳闷不解的是：当初贡献出最多、最大的心力以保存维护此教堂的人，竟然就是最不遗余力摧毁它的人，即德国人。看来德国人实在不了解一座教堂的本质和精髓何在。难道是他们的精神

快乐的知识

力量不够吗？还是因为信仰不坚才导致如此结果呢？不论何种原因，教堂的结构一概基于南欧特有的自由与慷慨精神，同时也基于南欧人对自然、人类和灵魂的怀疑，另外也基于对人类经验的认知，这一点恰与北欧人的看法截然不同。

马丁·路德的宗教改革运动，无论就时间久暂，还是牵涉范围的广狭，无不出于以"单纯"对抗"复杂"的义愤。说得谨慎一点，这就是一种粗鄙、老实的误解，可以原谅，人们并不明白一个胜利的教会的表达模式，而只见到它腐败的一面；他们误解了怀疑主义的高贵本质，错怪了每一个成功自信的教会权限之下所能允许的，几近奢侈的怀疑论调和包容力量。

人们常常忽略目前和一切基本问题的事实，即马丁·路德被授予了不该有的过分权力；他不但是个无可救药的短视者，更是个迷信轻率的人，尤有甚者，他虽然发迹于人群之中，却缺乏来自领导阶层遗传的特质，毫无运用权力的天赋。因此，他的一切努力，意欲重整罗马教会的企图，最后只落得一个并非有意，却又在不知不觉中展开毁灭行动的错误。

马丁·路德以真诚的愤慨将老蜘蛛经年累月细心织成的扎实密网一扯为二，是他将教会中神圣的书籍分发给每一个人，而这些书籍终于落入文献学者的手中，也就是说，每一种信仰废除者的角色都是由书籍来扮演。是他恢复了教士生活的权利，但仍有四分之三的人坚信在性方面与众不同的男人，他在其他方面依然会有出色表现。这一点正可无误地指出：人们大多持有一种流行观念，深信超人存在，奇迹终会出现，芸芸众生之中必有救世主应世而出，这些观念经过精心刻意的鼓吹而被提倡。

马丁·路德准许教士娶妻之后，教士也就丧失了听教徒告解的权利，这么一来，无疑抹杀了教士自身的价值，而教士最深刻的价值便在于他们有一双神圣的耳朵而且守口如瓶，严谨地保守教徒的秘密。

"每个人都是自己的教士。"这项箴言背后隐藏的却是马丁·路德对"高等人"的仇视，至于"高等人"的规则，又正是教会一手订下的。马丁·路德对自己甚至不知该如何寻求理想，不承认和自己有何关联，而对堕落腐化更是厌恶之至，持着奋斗到底的决心。

事实上，这个由教士制定的大众宗教的不可理喻的规范所提倡的教会规范和他所极力反对的社会规范，根本就是一体两面，这便是所谓的"下层反抗"。

至于马丁·路德的宗教改革运动，演变到最后，或好或坏也大致可盖棺定论了，但谁又会天真到以此结论来决定他毁誉与否？马丁·路德根本不知道自己在做什么，他完全是"不自觉的"。如果人们愿意听信一项指定的道德说辞，若要使欧洲（尤其是北欧）的精神层面转变为肤浅的话，就得赶在马丁·路德的宗教改革运动之前先采取措施才行。

另一方面，人们同时抛弃安定，使精神生活、渴求独立的心愿，坚信有权追求自由和自然的心态动荡不已。若是人们想将宗教改革归功于享誉今日的"现代科学"所提供的好处，他们就还得再加上一点说明，即现代科学也使现代学者堕落了，他们缺乏崇敬之心、羞耻之心，和一种深度。现代科学还须对所有的天真率直和知识方面的坦白负责，简言之，这就是两世纪以前就十分怪异，而迄今悲观主义仍未能令我们感染的"庶民精神"。

"现代观念"也属于北欧的下层反动人士，以对抗南欧较冷漠、混淆而怀疑的精神，他们最伟大的纪念碑是建筑在教堂内。我们千万不可忘记教堂究为何物，尤其和各种政体相形之下。教会是一种至高无上的权威组织，它保障了阶级最高、也最精神化之人的安全。教会具有强大的精神力量，能够阻止一切粗劣权威的滥用，单就这一点看来，无论如何教会都是比"政体"更为崇高的组织。

359　报复知识及其道德背景

道德，认为它最具危险和恶意的倡导者何在？

比方说，有一个素质不佳的人，这种人没有充分的知识，无法从其中获得乐趣，却有足够的文化背景去明了某些事实，他让人讨厌，对自己失望，此外还不幸地遭受一些承袭禀赋的愚弄和欺瞒，这种人对自己的存在感到惭惶而坐立难安，说不定他还做过不少坏事。

从另一方面而言，他无法让自己避免更多的污染和伤害，因此就成为一个虚荣轻浮的人，被彻底毒化的人，对他来说，知识变成了毒药，文化变成了毒药，禀赋和孤独也都变成了毒药。对如此素质不佳的人，最后终会陷入习惯性的报复心理和倾向。

你认为他会找到哪种百分之百迫切需要的必需品？以便他在自己的眼中超过比他更有学问的人，得到完完全全的报复快感，纵然是想象的也好。事实上，他所需要的通常是"道德"，这一点我敢跟你打赌。他绝对会挖空心思找出伟大的道德名词，高呼着冠冕堂皇的口号，什么正义啦、智慧啦、神圣啦、美德啦之类，说来说去，总摆脱不了斯多亚禁欲主义的窠臼；反正全是一些肤浅的表面，譬如沉默的智能、和蔼、温柔之类的理想名目。

请不要误解我的意思，的确有少数古圣先贤恪遵"精神之敌"的特质；也由于这些杰出人物，才造就出非凡的道德成就，引起热烈反响，构成历史，奥古斯丁[11]便是一个例子。不过，他对知识的恐惧，完全不同于对知识的报复。天啊！这些原本邪恶的强大力量竟然再三转化为道德的根源！甚至干脆直接变成了道德本身！所有的哲学家不也都披着智慧的伪装，这真是最疯狂胆大的伪装。

但是，在印度或希腊，这种做法不就是隐匿的方式之一吗？有时从教育的观点来看，为了使门徒学生启发、成长，不得不尊崇某些谎言，并借着对某人的信仰来约束自己。然而，在大多数情况下，这些做法都算是哲学家的隐匿方式。

他们藏身其后，以寻求庇护，并躲避疲乏、岁月、冷漠和无情的压迫，这感觉仿佛有点死到临头的意味。动物不是也有这种本能吗？它们在临死前会离群索居，孤独地钻进山洞里，然后就会变得像个智者。

什么？智慧会是哲学家逃离的方式吗？

360 两种混淆的动机

我想我最大的进步就是学会分辨一个普通行为的动机，和一个具备特殊方向与目标的行为动机的差别。

第一种动机就是贮积庞大的力量，等待有朝一日能用得其所；第二种却正好相反，和前者相比，它显得一点也不重要，多半是无甚紧要的偶发念头。这两者之间的关系就好像一根火柴和一桶火药。无关紧要的偶发念头和火柴好比"目标"。也就是人们常常所说的"工作"；而对附加在他们身上的庞大压力似乎多少有些漫不经心。

一般人对事物的看法，因人而异，人们惯于在目标、工作、感召中寻找这种压力，这是最原始的错误想法，那仅仅是引领方向的力量；在此，舵手和船只的关系便混淆了。但是，问题不一定是出在舵手，或引领方向的力量上……

"理想"、"目标"等不仅是一种托词，也是一种隐匿的方式；它不希望别人说船只不过是顺着水流，无意中才到达某地的吧？它想走某一路线，是因为它"不得不"这么走吗？这当然是出于一种引领方向的力量，但难道不是相当于一个舵手吗？在此，我们仍须对"目标"一词有更明确的概念。

361 演员的困扰

演员的困扰是最使我长期不安的问题，我无法肯定人们是否了解"艺术家"这一危险名词的意义，一般人对这个名词的态度都过于宽宏大量。

演员们毫无愧疚的虚伪，沾沾自喜地以伪善为一种权力的表现，抑制或抹杀所谓的"个性"，内心渴望着扮演何种角色、想戴面具、具有适应各种角色的能力，凡此种种都不再能满足狭窄的演戏一途了，这一切的特质大概也不仅仅适用于演员一人吧？这种本能将会影响到下层家庭和低阶级的人，他们必须在变动不定的压力和束缚下生活，他们必须不断地去适应新的环境，所以得再三扮演各种不同的人物。

久而久之，就培养出极强的伪装能力，甚至称得上伪装本身，仿佛扮演的是捉迷藏的鬼。而世世代代累积下来的结果，这种能力便成为一种独断、无理和倔强，最后竟化为一种本能，并支配其他本能，而成为演员或"艺人"，如小丑、老丑、傻子、仆役等，上述这些角色可以说是艺人的先驱，甚至是"天才演员"。

同样，在较高级的社会阶层里，也因类似的压力而产生了另一种与前面所述相去不远的人，这种人也只须以演戏的天赋来指挥其他的本能，譬如"外交家"就是一个典型的代表。我以为，一个优秀的外交家，如果能够拉下他的"尊严"，必定可在戏台上成为一个出色的演员。至于犹太人，一向是个极优秀的民族，我们因此应该期待他们活跃在最早期的世界历史里,因为那是最适于培养演戏人才的地方。

事实上,目前真正的问题是当今优异的演员之中,没有一个是犹太人!犹太人也是天生具有文学细胞的民族,正如欧洲新闻界的首脑人物,也是以其演戏的才能,发挥权力。这说明了一个有文学细胞的人必定也是个演员,他总扮演着"专家"的角色,最后终于扮演了"女人"的角色。

试观女人的历史,她们不是自始至终都善于演戏吗?如果我们倾听医生对女人行催眠术之后,或者如果我们爱上她们时,她们通常都会泄露出什么来呢?那就是她们即使在"牺牲自己"的时候,也爱摆架子。

女人真是充满了艺术的气质啊!

362 我对欧洲阳刚之气的信念

我们应该感谢拿破仑和那个战事连连的年代,根本不是拜法国大革命之赐,但是一般人总把它视为博爱与平等的象征,在过去那段历史之中,人类并不喜好战争,但是战争却从不间断,绵延至今,如果我们回到古老的烽火年代里,依然保持今日的科学化,将战争规模扩大,譬如作战方式、军事人才,以及纪律、训练等等,则未来的人在回顾之余,必定会又敬又羡,认为那是一项完美的成就,这项军事荣耀是发自全国的运动,目的就在抵抗拿破仑,如果不是因为他,我们也不会有如此的成就。

在拿破仑的观点中,总有一天,必定有人会在欧洲战胜商人和菲利士人,甚至战胜女人,女人已经受到基督教以及十八世纪毫无节制的精神影响而变得放纵了。不过,更具影响力的要算所谓"现代观念"。拿破仑将现代观念和文化视为个人的敌人,借着这种敌意,使自己成为文艺复兴以来最伟大的传承人之一。他将一种决定性的古代性格挖掘出来，当初有谁料想到这种性格最后竟主宰了国家的运动，并为拿破仑的后继者接纳，创造统一的欧洲，为欧洲树立一个女主人。

363　男女双方对爱情的偏见

尽管我对一夫一妻制的偏见做了许多让步，但我绝不承认在爱情方面，男女应该是平等的。因为根本就没有平等这回事，理由是：男人和女人都知道双方对爱情一词的解释各有不同，不论男女，任何一方都不应武断地认定对方对爱情的感受和看法与自己相同。

女人所了解的爱，显而易见的，就是灵与肉的完全奉献，这种奉献不问动机，毫无保留。甚至一想到附带条件或约束的爱，都会羞耻和恐惧。这种毫无条件的爱正是不折不扣的"忠诚"，男人是女人的一切，认为男人一旦爱上一个女人，就只想得到这个特定女人的爱，并认为站在男人的立场，要求完全的奉献，不足为奇，这的确不是一个真正的男人所该抱持的观念。男人若是像女人那般去爱人，最后一定会沦为奴隶，然而，女人若依自己的方式去爱人，则会因此成为一个完美的女人。

女人毫无条件地放弃了自身的权利，事实上，她也预料到对方不见得会以同样的热情来回报，他们也不会有为爱情放弃一切的念头。如果男女双方都为爱情牺牲自我，最后会有什么样的结果呢？我也不敢肯定，很可能造成可怕的空虚吧？女人希望被男人当作拥有物一般接收，一心一意想成为男人财产的一部分。因此，她希望有人向她"求取"，但是对方本身却不付出，只会因不断地取得而更加富有，经由爱他的女人的奉献，他的力量、幸福和信心都相对增加。女人奉献，男人接受，仅此而已。

我不相信所有人都能凭借任何社会的规约而打破自然的男女之

别，也不认为有人主持公道，尽管他们希望这种不断在眼前出现的不可原谅的、可怕的、难以理解的并且不道德的现象可以避免，但是依然不会有人挺身而出。爱情，被视为完整、伟大而圆满是极其自然的，而自然对永恒的事物而言，多少有些"不道德"。

在女人的爱里面也包括了贞洁，这是爱的定义之一；对男人来说，他虽可能遵守爱的忠贞，但那或许是出于个人不同的性情，故而感受就不一样，忠贞就不是他所必须具备的操守，而且在他心目中所占的分量实在太小，所以一般人总是认为，男人的爱情与忠贞是对立关系。他们的爱只不过是一种纯粹想占有的欲望，绝非奉献或牺牲，奇怪的是，每当他有所获得，占有欲也消失无踪。

事实上，若要男人的爱情持续不断，就必须激起他嫉妒的意念，引发他占有的念头，可一旦他遭遇挫折，心中的爱意便会增长，他不喜欢能轻易被他征服的女人。

364　遁世者如是说

与人交往的艺术得看个人的技巧，就好比参加筵席，如果有个饿得如狼似虎的人坐在席上，任何食物都可口极了，正如魔鬼靡菲斯特所说："给人经验的社会最差劲"，但是，毕竟很少人会饿成那种样子吧！唉，瞧我们的伙伴消化得多么艰苦啊！

第一项原则：我们要像遭遇不幸时那样拿出勇气来，大胆地把握一切，欣赏自己，将厌恶的东西统统塞在口中，硬吞下去。

第二项原则："改善"对方。譬如说，可利用对对方的赞美而使他自我陶醉，或者抓住他某些优点或"有趣"的特质，将他所有的美德逐步挖掘出来。

第三项原则：是自我催眠术。与人交往时，两眼紧盯对方，就像盯着门把手一样，一直到你的快乐或威胁感消失为止，然后不知不觉地睡着。对一切置若罔闻，动也不动。

这是个家庭处方，最适用于夫妻或亲人之间；经多人试验的结果，被认为是不可或缺的至理名言，但是尚未受到科学化的方法整理并列出公式。它最适当的名称是——忍耐。

365　遁世者又说

我们也需要和人交往，而且还得穿戴得整整齐齐，好赢得别人的青睐与尊敬，如此才能在社会立足，也就是说，我们混入一群伪装自己的人群中，和那些小心翼翼的化装舞会上的宾客一样，祛除一切不光是由我们的"衣着"引起的好奇。

当然，还可以运用其他手段或方法与人接近。好比一个鬼，如果想把别人都吓跑，实在易如反掌。又好比一个人抓住了那个鬼，却无法扣紧不放，那一定会把自己吓坏。鬼可以从锁紧的门穿过，或在灯光熄灭后出现，或在人死之后显灵，而后者是不同寻常的人死后玩弄的技巧。

于是，有个人不耐烦地问："你想我们活着忍受这些怪异、冷漠和死寂，那有何乐趣可言？包围在四周的是一片幽隐、晦暗不明的孤独，如果我们无法感觉自己会有何种改变，岂不虽生犹死，唯有在死后，我们才能够因获得生命而复活，这才是真正的活着，我们只不过是活死人！"

366　浏览一本渊博之书

我们不属于那种单靠从书本中获取的知识来建立思想的人，相反的，我们比较喜欢在户外思考，一面散步、跳跃、爬上无人的山上手舞足蹈，要不然就在海边沉思，那时刻，连野外小径也显得若有所思。

我们所提出的关于书籍、人或音乐价值的第一个问题：

他会走路吗？会跳舞吗？

我们很少看书，我们能迅速地看穿一个人借何种方式获得思想，若有人弯腰驼背地面对墨水瓶，终日埋头伏案，必定一眼就可瞧出来，又快又准！这种人甚至会有便秘的毛病；我敢打赌，连他那狭窄斗室里的气氛，以及低矮的天花板都泄露了他的秘密。

每当我合上一本很有深度的书，心中都感激不尽，如释重负，这种书通常会给人一种压迫感，"专家"们却满怀热忱，一本正经地驼着背研究不辍、皓首穷经，同时对所阅读的书给予很高评价。每一本深奥的书都反映出一个被折磨得变了形的心灵。其实，任何一种职业多少都会扭曲人的心灵。

我们再回过头来看看曾共度青春时光的挚友，他们选择了科学，也拥有了科学，然而，可叹啊！世事变幻往往出人意料。天哪，如今他们却反过来，被科学役使、被科学占有。他们经年累月，置身于隐蔽的一隅，被挤入没有鲜活知觉的境地，身受约束，同时被剥夺了平衡的心态，整个人憔悴衰弱，目睹此景，我们深感震撼，瞠目结舌。

任何技巧都会良莠不齐。

黄金铺成的地板，上方也许就有铅制的天花板，它不断地压迫心灵，直到后者被压挤成奇怪扭曲的形状。这一点是无法改变的，我们不需要白费心思地去考虑是否可通过教育或其他方式免遭扭曲的命运。世上任何种类的完美都得花高价才能购得，它们的价格也许太昂贵了；其中一种情形是：某一行的专家不得不付出与那一行针对的受害者同样的代价，方能成功。而你却想得到一个"比较合理"的解释，想做得简单方便些，不是吗？我的朋友？

好极了！不过，接着你们会立刻找到另一些不同类型的人，除了工匠、专家还有文学家，他们是多才多艺、机智善变的人，却不驼背，因为这些人不是贩卖知识或文化的售货员。他们实在不算什么。然而却几乎"代表"一切。他们扮演并代表专家，也表现出自己受人注目与尊重的一面。

错了！亲爱的朋友！我宁可因你的驼背而祝福你！而你也和我的看法相同，鄙视文学家和文化寄生虫！你呢，却不知道该如何推销自己的学识！而且，还提出了许多无法以金钱衡量其价值的意见！这全因为你不想代表你不具备的能力和身份！同时，你只想成为自己才艺的主人。这都是你尊敬每一种专长的能力所致，还有，以无情的叱责来拒绝所有虚伪不实、蛊惑煽动和适合表演的文学艺术作品，只要不是绝对真实、有节制或有训练、经得起考验的事物，都无法使你信服。

即使天才也不能帮人克服这种缺陷，只要注意最有天分的画家或音乐家就可明了其中的道理，毫无例外的，他们都曾很有技巧地借着模仿别人的艺术创作风格、代替品，甚至原则的采纳等方式达到剽窃的目的。说得确切些，他们并没有因此欺骗自己，也没有因良心不安而保持沉默。大家应该都知道，所有现代的伟大艺术家都会因良心不安而十分痛苦吧？

367 如何区别艺术作品

凡是经过思考、写作、绘画、作曲，甚至建筑或塑造的作品皆属个人的艺术，要不然就是呈现在众人面前的才艺，即使是后者也蕴含了明显的个人才艺中所包含的信仰上帝的因素。因为，一个虔诚的人绝不可能孤寂，这个名词就是我们这些无神论者所发明的。

综观艺术家的各方面来说，再也没有比这更深刻而准确的辨认方法了：不论艺术家的作品是个人的还是大众的，也不论他是否"已将这个世界遗忘"，总而言之，一切均在于"遗忘"，在于对所有喧嚣置若罔闻。

368 犬儒学派的讥诮论调

我反对瓦格纳的音乐就是基于生理学上的考虑。起初，我为什么要将这一反对隐藏在艺术模式的名目下呢？观点在于，我只要一听到瓦格纳的音乐，整个人就无法轻松舒畅地呼吸，我的脚立刻会愤怒地反抗，我的脚需要的是节拍、舞蹈和行走，脚首先需要音乐赋予的快乐，才能好好走路、跨步、跳跃或舞蹈。

但是，每当他的音乐一响起，我的胃、心脏、血液，以及大小肠都在抗议，在其音乐影响下，我不自觉地变得粗暴。因此我自问：我的身体究竟想从音乐中得到什么？我想答案是"松弛"。

凡是动物，其生理功能大致都要借着轻快明朗、毫无拘束而又自信十足的旋律来做调剂；如此，沉重晦暗的日子才会经由明亮美好而调和的音乐发出光彩。我的忧郁欣然地渴望在隐匿之处安歇，在完美的顶峰找到休憩之所，考虑到这一点，我才需要音乐。我不喜欢什么戏剧，更不中意戏剧中狂欢引起的高潮，对"观众"的心满意足也不以为然。我为什么喜欢演戏的那套疯疯癫癫的戏法呢！

我这么说，别人一定能看出我心中是绝对反戏剧的；然而，瓦格纳却正好相反，他是个倾心舞台和演戏的人，也是最狂热的戏迷，他对戏剧的狂热程度无人能及，甚至其他音乐家也甘拜下风！假如瓦格纳的理论为："戏剧是目标，音乐则是达到目标的唯一途径。"那么，他的行动却自始至终与理论大相径庭："姿态是目标，戏剧或音乐就是达此目标的不二法门。"瓦格纳把音乐当作阐述或强化戏剧情

快乐的知识

节和演员感官投入的手段,他的歌剧只不过是一些戏剧姿态的表现场合罢了!

瓦格纳和所有伟大的演员及音乐家一样,具有所有艺术家的天生特质,包括自大、独断的性格在内。有一次,我曾颇费周章地向一位瓦格纳迷表明这种看法,并加述了几项理由:"要对自己更诚实些,现在我们又不是在戏院里。即使在戏院中,我们也只有置身群众之间时才会诚实,独处时依然撒谎,甚至连自己都欺骗。我们前往戏院时,已把真正的自己留在家里,同时也将所有的言论权和选择权都放弃了,只有与上帝共处在四面高墙之内的家中时,我们才有鉴赏能力和勇气,一旦出门,必定陡然大变。

从未有人把他最敏锐的艺术鉴赏力带进戏院里去,甚至连为戏院工作的艺术家也不例外。这里全是一群乌合之众:男男女女、形式主义者、投票的动物、民主主义者、邻居,以及芸芸众生。因此,个人的艺术良心就屈服在'广大群众'的喜好之下,其愚蠢也产生了放肆腐化的效果,某人受到旁人的影响,成为其中一分子。"

瓦格纳迷是如何回答我基于生理学观点而反对瓦格纳音乐的理由的呢?他说:"原来你不够健康,无法欣赏我们的音乐。"

369 并存在我们心中的

我们绝不承认,在我们这些艺术家心中有某种奇特的差异:一方面在于个人的品味,另一方面则在于个人的创造力,两者在极不寻常的情况下愈来愈分歧,结果就形成各自的成长,我是指:艺术家的心中有完全不同的两种对立等级、年龄、成熟度,以及腐败的程度?因此,穷其一生就产生与他自己的耳朵、心灵相矛盾的作品,和他的听觉与嗜好的所归截然不同,他自己则从来没有感觉到这种矛盾。

经验显示，人的品味往往能够很轻易就超过自身的能力，他甚至不曾估量一下是否有配合品味的能力，便眼高手低地做下去。不过，相反的情况多少也会发生，这一点我尤其想提醒艺术家们多注意。一个不断推出新作的人，所谓的"多产艺术家"，这种人除了终日闭门造车、埋头从事孕育和生产的工作之外，从来就不知用些心思去体验或见识一下新事物，也根本没有时间去细想，将自己与作品相互比较一番。也从不打算运用他的评鉴力，反而将其置诸脑后，任其自生自灭。这种人只会生产出一些连自己也无法置评的作品来。

故而他所说和所想的，无论是关于自身还是关于作品都变得愚昧不堪。在我看来，这种现象对多产作家而言，十分正常，这种法则甚至可以被运用在整个希腊的诗歌与艺术的世界里面，而他本身却从未"意识"到这些。

370 何谓浪漫主义

至少我的朋友或许还记得，当初我攻击现代社会的显著错误与夸张时，心中依然存着些许希望。我认为：弥漫于十九世纪的哲学悲观主义，实为一种有力思潮产生的症状，起因于当时大胆、充实、丰富的生活内容；比起十八世纪的休谟、康德、康迪拉克，以及一些感觉主义者，的确有所不同。

因此，十九世纪对事物所采取的悲观观点，在我看来，就是我们文化的一种特殊奢侈品，是一种最为昂贵、高级而危险的挥霍模式。不过，就当时财富泛滥的情况而言，它却不失为恰到好处的浪费。

同样，我也以此向自己解释，德国音乐便是酒神对德国人心灵影响的表现。我想，我在这种音乐中听见了地震的摇撼声音，那是起因于埋藏地底多年的原始力量在找到了出口后爆发的威力造成的。然而，却又不关心这种震撼是否就是自称为文化的东西所引发的，显然我是误会了构成哲学的悲观主义和德国音乐的真正物质究竟为何——姑且称之为浪漫主义。

什么叫浪漫主义呢？任何一种形式的艺术和哲学，都可视为人们在成长和奋斗的人生中用以治疗创伤与帮助前进的凭借。它总会先行料到即将来临的痛苦和受苦的人。但是，受苦的人又分两类：

一类是因拥有过度充沛的生命力而痛苦，他们需要酒神的放纵艺术，同时也需要对人生采取悲观的观点与省察。

另一类则是因生命力的衰退而痛苦，这类人寻求休憩、安宁和平静，想借着艺术和知识的助力而获得解放，要不然就借力于陶醉的快感、迷惘与疯狂来逃避。

所有艺术与知识中的浪漫主义均反映了受苦者的渴望和祈求，在他们的眼中，叔本华与瓦格纳都是最著名的浪漫主义者，而当时我却误解了他们两人，不过他俩并不因被误解而有所损失。充满丰沛生命力的酒神和人类不只承认那些可怕与令人起疑的奇观，甚至在面对恐怖的作为时，也能不以为意，更不消说毁灭、混乱以及否定等种种奢侈。在他们看来，凡是邪恶、无意识和丑陋的事物仿佛都领有执照，因而泛滥充沛的生殖力将每一个沙漠转化为最繁茂的果园。

反之，最大的受苦者、生命力最弱的人，他们最迫切的需要便是温和、平静与亲切的言行和思想。如果真有一种神，尤其是庇佑软弱有病者的"救世主"，那必定是他们所最最期望的；同样，他们也会需要可解释的抽象的生存概念的逻辑学，逻辑能够平复人的痛苦，并给予信心；简言之，他所需要的是若干排拒恐惧，并在乐观境域内寻到温暖、狭小而禁锢的空间。

于是，我开始逐渐了解到和酒神的悲观主义者相反的伊壁鸠鲁学派学者，同样有"基督徒"的作风，只不过是欧洲人的一种典型，同时也是个浪漫主义者；我的目光也因探索最困难隐晦的追溯推论而愈加敏锐，此种推论过程最容易产生错误，由作品推论出作者，由行为推论出表现行为的人，从某种理想推论出需要理想的人，以及从各种思想价值的模式推论出迫切需要它的人。

就一切美学价值而言，我现在已会运用基本区别：每逢有状况出现，我便问，过饥或者过饱会引发创造力吗？

刚开始，另一种辨别法也很值得一试，视其创作的动机是求作品的扎实呢、不朽呢、为创作而创作呢，还是求毁灭、改变、更新，冀盼将来适合众人的心理。不过，经过更仔细的审察之后，却发现这两种欲望本身都暧昧不明，只能靠前面所提的较正确的概念来解释说明。

对毁灭、改变或从众的欲望可能是泛滥力量的表达方式，但也可能是由禀赋不佳、穷困与不幸而产生的恨意，它们势必造成毁灭，原因是其所忍受的一切已然令人激动、愤怒不已。要了解这种情绪，我们只须密切注意那些无政府主义者就可以了。

期求不朽的欲望同样需要双重的解释，一方面可能起因于感激和爱。源始于此的艺术可能是狂热的崇神派，譬如鲁本斯[12]的作品。又可能是非凡的嘲讽派，比如哈菲兹；也可能是歌德的明朗温和派，将荷马式的光明和荣耀撒遍每一事物。

然而，它也许是出自一种凶暴的意愿，饱受痛苦折磨的人亟欲将他最个人、最狭窄的特质和所受的痛苦，毫无保留地记下来，作为强制的律法，约束他人；他为了要向一切报复，就将自己的痛苦痕迹铭刻在他人身上。

后者就是浪漫的悲观主义者最极端的形式，不论它是以叔本华的意志哲学为代表，还是以瓦格纳的音乐为典范，都称得上是我们文化命运中的最后一件大事。或许另有一种迥然不同的悲观主义，也就是古典的悲观主义，我有种挥之不去的预感，不过，"古典"这个字眼却有些刺耳，它听来太陈腐、笼统而含混。我干脆称之为未来的悲观主义吧，它即将来临！我眼看它一步一步地接近！噢，酒神的悲观主义。

371 我们是难以理解的人

我们是否常常抱怨被人误解，受到错误的评断，遭人厌恶或毁谤中伤呢？那正是我们的命运，唉，忍受了多么久！说得保守些，直到1900年吧，这也算是我们的特异之处，若是我们不能忍受这煎熬，又怎么能赢得别人对自己的尊重。

一般人往往将我们和其他人混为一谈，原因是我们不停地成长、不断地改变，每到春季依然蜕去旧日的外壳，永远都那么年轻、高大、强壮，我们正如未来之人，将根部更有力地伸向深处，深入邪恶，同时也更加亲切地拥抱天堂，以宽广的枝叶吸收天堂之光。

我们像树一样地生长，这概念也和人生一样令人费解，不只在一处，而是无处不在；不只朝一个方向发展，而是里里外外、四面八方，无所不至。同时，有力的幼苗正向上茁壮成长，伸展枝干、叶片和根须；我们真的已无法依旧像以前一样自由自在地做任何事，也不能毫无牵挂地成为任何人，这也是我们的命运。纵然身处不幸，依旧向上发展，我们愈来愈接近光明！我们引以为荣，并且不愿将崇高的地位和命运与人分享。

372 为何我们不是理想主义者

以前的哲学家们都畏惧人的感官，或许我们健忘，已将这种畏惧抛诸脑后了？如今，所有的人都是感官主义者，而我们正是当今和未来的哲学思想代表呢，这并不单纯根据理论，而是经过实际证明导引出来的结果。反之，以前的哲学家认为，感官会诱使他们走出自己"理想"的冷静领域，步入危险的南方岛屿，故而，害怕他们的哲学家德行，会像见了阳光的雪一般，融化了。

"耳朵里的封蜡"几乎可谓当时哲学的写照，生命是乐章，而真正的哲学家却不再聆听，他弃绝了生命的乐章，古老的哲学迷信总认为，所有的音乐全是女妖塞壬[13]的歌声。此刻，我们应该以相反的态度来判断，披着冷静苍白外衣的"理想"其实就是比感官更加厉害的诱惑。他们一向以哲学家的"血液"为生，而将自己的感觉、甚至心灵消耗殆尽。

因此，那些前代哲学家却是没有心肝的，以哲学立场来研究思考是一种吸血行为。即使是斯宾诺莎，你们看他，难道不曾感到有一种深刻、难以理解而不安定的印象吗？诸君不见在此地上演的戏剧不是愈来愈苍白吗？精神净化之举总是太过理想地出现在世人面前。难道你们没有想到某些长期隐藏在背后的吸血鬼，起初找某个感官下手，事毕则一走了之，留下的只是一堆白骨？

实际上，我所指的，就是哲学的范畴、公式和措辞而已。如果我说斯宾诺莎到头来只剩下白骨一堆，各位会原谅我吗？而当他被吸得一滴血都不剩之后，还谈什么爱，什么神？

总而言之，所有哲学上的理想主义多少都有点像疾病，这和柏拉图的情况相仿，没有细心的丰盈和危险的健康，恐惧过分有力的感官，以及苏格拉底的智慧。

或许是因为我们现代人不够健全，不能要求自己怀着柏拉图的理想主义，而我们之所以不畏惧感官，又是因为什么？

373 "科学"的偏见

根据阶级区分的法则，中等阶级知识分子中有学问的人，对真正重大的问题都不屑一顾，就连疑窦之处也懒得去看一眼。但是，他们的勇气和前途也没有那么远大，最重要的是，他们因需要才成为探索者，至于内在的参与和着手的方式都大而化小，恐惧和希望之情也很快冷却。

举个例子，英国哲学家斯宾塞之所以如此热衷于倡导自己独创的学说，并为自己绘就一幅充满希望、无限美好的天空，还有他所梦想的"利己与利他主义"达成和解，是因为以上这些令人不快的事都源自斯宾塞式的人道主义。但是，在我们看来，这些都应唾弃，连根拔除！事实上，在别人眼中，斯宾塞所设想的最高希望，只不过是一项惹人生厌的可能、一项难以预见的疑问……

这个道理和许多唯物主义的自然科学家所笃信的信念一样，都以为一定存在一个对人类思想和价值观念具有相同意义与节度的世界，一个"真理的世界"，我们完全可以借助微不足道的人类理性的助力达到这种世界。

什么？难道大家真的希望将生活降低到和简易计算器一般的模式，成为一个闭门造车、不问世事的数学家？毕竟我们不该试图剥夺含混不清的角色的生存权利，良好的审美能力自会阻止它，这种对一切事物都抱有敬意的审美能力，出乎大家意料之外。

对世界的解说，只有在各位自己的立场上才是正确的，也只有这样，探索和研究工作才能以科学的方式前行，在这种解说之中，算数、计算、称重、目测和手测等，是仅有的探究方法。这种方法，纵然不刻板愚昧，也未免有天真草率的嫌疑。

反之，不也很有可能吗？生存的最表面、最外在的特质、最显而易见的具体化，是否能最先得到理解？各位所了解的"科学化"的世界诠释方式，也可能是最愚昧的，是所有诠释方式中最不重要的。我这么说，是为了向我那些搞机械的朋友证明，今日虽然他们最爱与哲学家融洽地交谈，绝对相信机械是一切生存结构的基础、是最首要和最终极的指导法规，但是机械世界也必然是一个毫无意义的世界！

如果我们以如何计算、如何使乐符公式化的方法，来衡量一篇乐章的价值，我们怎能体会、了解、品鉴其优劣呢？这种"科学的"音乐评估，多么让人厌恶！如此一来，我们绝对无法从中发现真正的"音乐"了！

374 我们的新"无限"

无论存在的视点延伸多远，不论它还有没有别的视点，更不论我们的生存还有没有解释或"感觉"，都不会变成"荒诞不经"的；再从另一个角度来说，人的所有生存境遇，不见得都需要解释，奢望得到对这些问题正确适当的提问，即使是最勤快、最仔细的分析家和最善于思考的学者，都未必能提出恰当的提问，也很难给出正确的答案，分析过程中，人类必会目睹未来的知识形式，也只是能看见这一形式而已。

我们无法看见角落是什么情景，想要得知别人的知识是什么样子，别人的视点和角度怎么运作，只是一种希望实现的好奇心。譬如，哪种生命能使时间倒流，能顺意地操纵时光前进或后退？果真如此，就需有另一种生命的方向和另一种因果观念。不过，至少目前我们与那个荒唐的隐蔽角落相隔甚远。

反之，世界在我们眼中已再度变得无限广大，这样一来，我们便不能取消对世界无限可能的诠释。然而，那巨大的恐惧感再度攫住我们，谁想仍旧将这不可知的旧世界怪物奉为神明呢？又有谁会拿未来的"未知事物"当作"未知之人"来崇拜呢？在这种未知而又如此邪恶、愚昧的诠释中，包含了多少可能的强烈诠释？这些合乎人性的诠释，太人性了……

375　为何我们近似享乐主义

现代人对最后判决都小心翼翼的，怀疑的心态是基于每一坚强信仰中包含的良心的魅力和诡计，即使在任何一个绝对的"是"与"否"的情况下，也不例外。

这该怎么解释呢？或许各位能从一个"一朝被蛇咬，十年怕井绳"的小孩身上看出理想幻灭后的状态。但是，各位还可以在另一个较好的例子中看到：一个原本终日在角落流连徘徊的人的好奇心受到闭塞气氛的影响，变得沮丧不振，后来却在与角落形成强烈对比的开阔广大的世界中，发现到一片沃土。

因此，产生了一种接近享乐主义的倾向，想追寻知识，又并未丧失发掘事物可疑方面的眼光；既对一些浮华不实的道德言行憎恶，同时也坚持一份拒绝所有粗陋生硬的比较心态的个性，并且还引以为傲。

另外，在轻率的追逐冲动中，疾驰的骑士具有的松弛和自制兼顾的品性，也令我们骄傲，和过去一样，此刻我们仿佛骑在一匹性情激烈疯狂的战马上，稍有差池，严重的危险将不可避免……

376　缓慢宁静的日子

艺术家和从事创作工作的人，都这么认为：他们对生命中的每一个章节，由创作一个作品形成的一个章节，无不深具信心，此刻终于功德圆满。他们也抱着"我们早有准备"的心态，耐心地随时接受死神的降临，这并非生命枯竭的征候，而是一种金秋温煦阳光的表现。这份特质在作品本身与作品的成熟度中，总比创作者来得迟缓，生命的步调从渐趋缓慢到日渐沉重，带着浓密的芳郁潺潺流动，流入永恒的宁静，也流入永恒的信念……

377 无家可归的人

今天的欧洲人当中，有些可以算得上是"无家可归者"，在我的记忆深处，十分怀念他们。他们命运坎坷，一生潦倒，若能为他们设计一个安慰的激励，则是聪明之举，但是这样又有什么用呢？我们期待未来，又怎能安坐家中空等？

在这个脆弱衰颓的过渡期，排斥所有的理想能够使我们得到暂时的舒适和安逸，至于"现实"问题，我们也不认为耐心地等待就会有结果。承载我们的冰层，已然变得极薄，和风吹拂，我们这些无家可归者，将打破这层薄冰、击碎腐朽的"现实"……

我们什么也没"保存"下来，也不能再回到过去的年代，我们不是完全"自由的"，不必为"进化"卖力，我们也无需刻意禁止双耳聆听市场的叫卖声和未来的警号声，那些"权利平等"、"自由社会""废除奴隶和君主制度"等呼吁，再也不会引起大家的兴趣了。

当然，我们也绝不认为，在地球上建立一个正义、和平的国度有什么值得高兴的，因为，这类国度太平庸了，我们和所有人一样，喜欢危险、战争和冒险，不愿妥协、被攫住、受阻或让步，同时自诩为征服者；我们在考虑建立新秩序、新奴隶制度的必要性。因为所有提升和强固"人"的制度，都是一种隐秘的新奴隶制。

我们得天独厚地生在处处标榜人道、仁慈和阳光普照的世纪里，

快乐的知识

却由于上述种种人间乱象感到痛苦不堪。遗憾的是，当我们提到这几个冠冕堂皇的字眼时，心底却更加不快，大家都知道他们戴着假面具，只是衰颓、枯竭和虚弱的表征。一个病人用浮华俗丽的方式来掩饰他的伤痛，他尽可以把这些伤痛虚饰成自己的美德，这些弱点反而使人彬彬有礼，听听看，如此有礼、如此仁慈、如此公正、如此"富有人情味"！

是的，我们十分清楚这些虚伪的小人和女人都需要这种说辞，来作为他们的装饰和外衣！我们自认不是人道主义者，也不敢说我们如何"热爱人类"，因此，我们这种人就没有资格做演员了。一个受法国民族对性的过分敏感所影响的人，当他正大光明地与人接触时也不免会带着几分放荡……这就是人类！

难道在所有的老女人之中，还会有一个最惨不忍睹的老女人不成？除非这是"真理"，这个问题还是留给哲学家去费心吧！

不！我们并不爱人类！从另一个角度来说，我们几乎不够"德国化"，我们不支持国家主义或种族歧视，也不会因爱国情愫蹿升、沸腾而欣喜万分，因为目前欧洲国家各自孤立，就像被隔离似的。我们对此太没有成见、太倔强、太挑剔了，同时也太老练、太世故了。

我们宁愿住在山上，远离四季，活在过去或未来之中，而这么做只是为了避免一旦被任命为德国现行政体的见证人，心中的怨气无处发泄，那是一个虚有其表、华而不实的政体，此外，这个制度为避免突然崩溃，将其基础植根于两种仇恨之间，不是太没必要了吗？难道它还想要在欧洲永垂不朽吗？

我们这些无家可归者对"现代人"而言，种族或血统之类的太复杂、太容易混淆了；我们多半不会陷入时下流行的种族狂热和自我标榜的情绪中；这也是德国情操的一项特质，使人终日捧着"历史意义"而变得顽固与谬误。

我们都自封为优秀的欧洲人,这是个很尊贵的名衔,自认为是欧洲最富文化遗产的继承人,同时也是千年来身负欧洲思想重任的继承人。如此一来,我们也抛弃了基督教,只因我们曾喝它的奶水长大,只因我们的祖先是正直、决不妥协的基督徒,他们为了信仰,情愿牺牲自己的财产、地位、血肉和邦国。我们也照样做了,然而是为了什么呢?为了我们什么都不信仰吗?为了所有种类的不信仰吗?不,绝不是!朋友,你应该比我更清楚!

潜藏在你内心深处的"是",比所有的"不",比所有的"也许"更强烈,这便是你与你的时代形成病态的缘故,当你漂洋过海、浪迹天涯时,也把它随身携带而去,它会再度成为鼓舞你前进的信仰!

378　再度自我澄清

我们是一群心灵充实丰沛的人,站在街上就像喷泉,让大家汲取饮用;可惜的是,我们不知道如何适时地保证自己免于混淆和黑暗,无法阻止这个时代把"时麾垃圾"丢给我们,也不能制止脏鸟将屎拉在我们身上、孩童对我们无礼冒犯、倦歇的旅人向我们诉苦,所有这些或大或小、或严肃或琐碎的事情,都影响了我们。

不过,我们仍旧和往常一样,将一切污秽废物长埋心底,因为我们的心灵有如无底深渊,广纳万物,然而,我们也千万不要忘了,自身要再次过滤澄清。

379　傻子插嘴

这本书的作者并不是一个愤世嫉俗的人;今日,憎恨人类是要付出代价的。

快乐的知识

一个人从心底憎恨这个世界，只因为他喜欢这么做，毫无理由可言。他会为此目的而捐弃对憎恨的蔑视之见，我们往往因"蔑视"某些东西，得到许多无上的快乐、耐性和慈悲。更有甚者，我们是"上帝的选民"，纯粹的"蔑视"是我们的权利，也是我们的嗜好、我们的艺术、我们的美德，我们是现代人中最时髦的！

反之，憎恨也能扯平某些事，它使人面对面，在憎恨中包含了敬意，最后敬意演变成恐惧，而且是十分严重的恐惧。不过，我们是毫无恐惧的一群，是这个时代中最具智慧的人，同时也有如大智者一般，明了自己的优点，坦然无畏地顶天而立。人们不易将我们斩首，不能让我们闭口，不能把我们赶走，甚至也不能非难我们，更不能将我们的书付之一炬。

这个时代宠幸知识，所以，它喜爱我们、需要我们，即使它知道我们是一群迭遭蔑视的艺术家。所有的人际关系，对我们而言，都是一种可怕的机诈，我们的慈悲、耐心、拘谨和谦恭，都使我们无法舍弃与人保持距离的成见。于是，我们更爱大自然，它没有丝毫世俗之气，同时我们也更爱艺术，它是艺术家得自人类的灵感结晶，是艺术对人类，对他自己所开的一个玩笑……

380 流浪者如是说

为了公平评判我们的欧洲道德，同时也为了和早期或未来的道德比较，我们必须像旅人估测城中高塔高度的做法一样：为达此目的而离城外出。

"关于道德偏见的观念"，若他们对偏见没有偏颇的想法，类似于对善恶的彼岸的感官世界的看法，就算是站在道德之外的立足点上，而为了达到目的，我们还得不断爬升、飞越，无论如何，在一些成例中，这种善恶的彼岸的基石，这种解放整个"欧洲"的企图，成了牢不可破的衡量标准，成了我们血肉的一部分。我们渴望出外流浪或许是一种疯狂而不明智的"行径"。即使思想家也自有其"不自由的意志"，问题在于，仅凭外出流浪是否能到达向往的地方呢？

一个人如果想得到卓越的知识，他的体态必须十分轻盈，他必须飞越自身所处的时代，以成就一双睥睨千古的慧眼，而在慧眼中还蕴藏着一个美好的天堂。另外，他也必须奋力从当代欧洲人所把持、阻碍、压迫和抑制的环境中挣脱出来。

像这样的"超人"，一定会先明了当代的最高价值标准何在，然后再设法超越，不只超越他的时代，还超越他对这时代的厌恶与反感、时代带给他的苦难，以及不理智的罗曼蒂克的想法。

381　理解的问题

我们写东西不只要让人了解，同时更要让人无法了解。

一本书的目的，就是要人百思不得其解。一本书，不希望被"任何人"理解。

一个非凡的知识和尝试需要传达它的思想时，总会择人而为，同时它也会树立藩篱以摒拒"其他的人"。所有美好的法则与风格，皆有源头，它们一面避到一旁，拉长距离，防止被"超越"；另一面却到处寻找知音。

我之所以对你诉说我的一切，是因为我不想让我的无知或爽朗的个性阻碍你对我的了解，我当然不希望我的爽朗令你为难，虽然它能促使我迅速达成目标，不过，我认为在处理较为深奥的问题时，最好就像洗冷水澡一样，快进快出。有人说不必浸入水中，有些人则说水不必放太多，这都是恐水病者的迷信，是冷水的大敌，那些人完全是

快乐的知识

一派胡言。

噢！极冷的水能令人尽快起身！顺便让我问一句：当我们对某些事物略知一二、仅做表面接触时，是否会造成误解或错觉？是应当像母鸡孵蛋一样，整天只对这一件事纠缠不休？至少在这种尴尬或棘手的场合，我们可以突如其来地抓住个中要领，除此别无他法。

最后，简明扼要还有另一种价值：在那些紧缠着我的问题中，我必须尽量说得简洁一点，免得后人听到太多废话。尤其是对不讲道德的人来说，他更应谨慎小心，以免毁了无知，我指的是某些笨蛋和男女佣，他们从人生当中除了学到无知的单纯之外，一无所获。

而我希望我的作品也能提升他们、鼓舞他们，使他们的生命充满热诚的激情。我想再也没有那些热诚的笨蛋和男女佣受到甜美的鼓舞更能教人兴奋愉悦的了。按照简明扼要的标准来看，我的话已经说得太多，我的无知常将我搞得一团糟，我对自己已经没有任何秘密可言。有时我会因此而感到羞惭，有时则更为此羞惭而感到羞惭。

或许我们这些哲学家在目前知识界的地位日渐势微，科学正在迅速地茁壮成长，最有学问的人已然发觉到我们所知道的实在太少了。但如果换成另一种情况——知道得太多——一切会更糟；不管怎样，我们的责任永远是勿使自身陷于迷乱。虽然不可否认，我们也知道许多其他方面的事物，但是毕竟和有学问的人比起来还是有差别。我们的需求不一样、历练不一样、成长不一样、体悟也不一样；我们需要的更多，也需要的更少。

一个知识分子究竟需要多少学养是没有公式可循的，如果有的话，也应当是偏向独立自主、反应敏捷、游历或冒险等方面的倾向。他宁可活得贫穷而自由，而不愿生活富裕而不自由。同样，一个优秀的舞者所需要的滋养，绝非脂肪，而是力量和柔软度——我知道一个哲学家所渴求的也和优秀的舞者一样。舞是他的理想，他的艺术创作，而且与他个人的信仰差不多，同时也是他的"礼拜仪式"。

382　伟大的健康

我们是一群崭新的、无名的、难以理解的产品，同时也是未曾试验过的初级品。总之，我们需要新的目标和新的手段，一个比过去更强壮、更敏锐、更坚韧、更快乐、更有胆量的健康。

这种人渴望体验各种得到认可的价值和希求，并且要航遍理想的"地中海"一周，从这样的个人冒险经验中，他想知道，成为其理想的征服者时，内心会有什么样的感受，就像那些艺术家、圣者、使徒、立法者、学者、先知、奉献者，以及反叛旧形式、旧习俗的人所曾经感受过的一样。我们追求理想的目的就是要达到"伟大的健康"，并且还要不断地追寻下去，我们不断地将它奉献出来，而且势必如此！

现在，我们这些追求理想的冒险者的勇气还胜于谨慎，丝毫不在意翻船的危险，我们比其他人更健康。我们拥向一片尚未开发的领域，没人知道它的界限，其中充满华丽、诡异、疑难、怪奇和圣洁，我们的好奇心和欲求有如脱缰之马，不可控驭。

天哪！再也没有任何东西可以满足我们无穷的欲念了。在经过这样的体验和意识的探索之后，我们又怎会以身为现代人为满足？我们用窃窃暗笑的态度来看现代人最引以自豪的理想和希望，遗憾又无奈，或许我们再也不会去看它们一眼。

在我们眼前，有另一个奇特、诱人而危险的理想，对这种理想，我们可不能随便劝人去追求，我们并不确知是否每个人都有这份资格和能耐。一个纯真、自然流露力量和表现生命泉源的人，将一切庄严、美好、神圣不可侵犯的东西玩弄于股掌之上。

快乐的知识

对有些人来说，这种充沛的理念已经包含了许多危险、毁灭、低俗、松懈、盲目和暂时的健忘等毛病。这种谦卑的超人福祉和理想，往往显得极不人道，譬如说，把这种理想置于过去世俗所有严肃之物旁边，与其源头、言语、音调、神情、道德，以及工作相比，就好像是那些人最真诚的打油诗似的，不过，或许真正严肃的一切才刚揭开序幕，问号早已划下，人类的命运悄然转变，时针潜移，悲剧诞生了。

383 收场白

当我慢慢画上这个阴郁的问号，并想提醒我的读者：一切尚未结束，刚刚开始而已。

你认为这样好不好呢，我那已经等不及的朋友？

你若有意见，谁会不乐意依从你呢？

我的风笛和歌喉随时恭候，我的声音已经嘶哑，就让它如此唱下去吧！

不要忘了我们是在高山之上！

同时，至少你所听到的都是崭新的东西，假使你听不懂它，会错了吟游诗人的心意，又有什么关系！

那一直是"吟游诗人的诅咒"。对他的音乐和旋律你将听得更清楚，而且也更能配合奏曲，翩翩起舞。

你愿意如此吗？

注释

1 盲目的爱国心之意。

2 在德文中，"洗头"一词，除了字面含义外，也意味着"给一个人当头棒喝"。

3 斯宾诺莎（1632～1677），犹太裔荷兰人，理性主义哲学家，由于他的生活背景与宗教背景，他建立一套"保全自己"的哲学。

4 指宗教改革运动后，新教兴起的本质。

5 摩拉维亚教徒，新教教派之一的教徒，分布于捷克的摩拉维亚地区。

6 伯里克利（约公元前495～公元前429）古雅典政治家，雅典在其执政时期，曾开创一种极为辉煌的文明，成为雅典的黄金时代。

7 莱布尼茨（1646～1716），德国哲学家、数学家，在哲学上提出唯心主义的单子论和神正论，成为唯理论的主要代表之一。

8 休谟（1711～1776），英国哲学家、历史学家、经济学家、美学家，是反对因果律的经验主义者。

9 黑格尔（1770～1831），德国哲学家，是绝对的观念论者，他企图以辩证法来解答一切问题，而且自认为真的解答了一切问题。

10 意即果断地以一项毫不具有哲学观点的原则来评判一切。

11 奥古斯丁（354～430），为中世纪著名神学哲学家，他不但是沟通希腊哲学和希伯莱信仰的思想家，更是创造基督教信仰深度的宗教家。

12 鲁本斯（1577～1640），佛兰德斯画家。

13 塞壬，希腊神话传说中的女海妖，时常以美妙动人的歌声诱惑航行于海水的水手，而使船只遇难沉没。

附录:"自由之鸟"王子之歌

快乐的知识

1 致歌德[1]
"不朽"是你的标记，
背叛上帝却是诗人的寓言。

我们所有的理想和志向，
均被世界茫然辗碎；
沮丧的人哀叹道："厄运啊！"
傻子却说："这是游戏！"

玩弄一切的世界游戏，
交杂着真实与虚假；
而永远的愚弄，
使我们继续参与其中！

2 诗人的呼唤
一番辛苦工作之后，
我坐在树荫底下纳凉，
蓦然听到一阵很有节奏的"噼啪"轻敲。
我愁眉紧锁，
那声音仿佛要强迫我迎合它的轻敲，
像吟游诗人般吟唱。

附录:"自由之鸟"王子之歌

当我提笔写诗,
便不休不止。
每个诗句都有小鸟相随,
以美妙的姿态欢快跳跃,
我开怀大笑!
什么,你是诗人?你是诗人?
难道你的脑子如此混沌?
"是的,先生,我是一个诗人。"
啄木鸟啾啾地叫,仿佛在嘲笑我。

严惩窃贼时,
我该如何对待这些林木的诱惑?
一把锯子、一个想象?
我的诗思,
立即攫住所有令诗人匍匐膜拜的一切,
并灵巧地编织成文。
"是的,先生,我是一个诗人。"
啄木鸟啾啾地叫,仿佛在嘲笑我。

我想,诗像箭一样,
能造成椎心刺痛,
它径直刺入小人物的高贵部位。
鄙陋的人啊,你会死在诗人之手,
摇晃欲倒,有如酩酊大醉。

快乐的知识

"是的，先生，你是一个诗人。"
啄木鸟啾啾地叫，仿佛在嘲笑我。

恶劣之诗、醉言醉语，匆匆而去，
啾啾不休，砰！
直到大家排成一列，
被诗的链条紧紧缠住。
难道他如此狠心，我的诗人？
是否有看到屠杀，
便高兴不已的恶魔？
"是的，先生，我是一个诗人。"
啄木鸟啾啾地叫，仿佛在嘲笑我。

鸟儿啊，你以轻蔑的怜爱嘲笑我？
我的头是如此的痛！
而我的心更加难过！
小心！我的愤怒，十分恐怖！
即使在诗人愤怒的时刻，
你仍以同样的喜悦作诗与唱歌。
"是的，先生，我是一个诗人。"
啄木鸟啾啾地叫，仿佛在嘲笑我。

3 哥伦布第二

我前往远方旅行，这是我的念头，
我相信自己。

252

附录:"自由之鸟"王子之歌

在广阔蔚蓝的海洋,
我勤快地行驶我的"热那亚号"。

新世界将一切新的东西展现在我面前,
正午的时空,
毫无声息,
死一般沉寂。
只有你那恐惧的眼望着我,
多么可怕!

4 在南方

在回旋高枝之上,
在窝巢上栖息疲乏的双翼。
在摆荡不稳的家,
我休憩如客。
在南方!

我凝目远望沉睡的海,
小船的紫帆、港湾、灯塔和那耸立的岩石,
在南方!

不能再逗留,
以缓慢的德国步法爬行。
我唤鸟呼风,
带我高飞远扬,

快乐的知识

去南方！

你若不介意，
那就没什么理由。
他们的目标太过沉闷、平淡，
除了一双翅翼和一阵轻风。
带着勇气、健康、自在，
追逐苦痛的游戏，
来自南方！

睿智的思想不需声音，
就足以打动人心，
我有许多不能独唱的歌曲。
因此，鸟儿啊，
围聚我的身旁，
倾听我的所见所闻。
在南方！

你们是快乐的恋人，
轻佻浮躁，
青春岁月，
皆消逝在嬉戏狂欢中。
在北方，我瑟缩地说，
我崇拜一位阴郁、不讨人喜欢的女人，
听说她的名字叫真理，

附录："自由之鸟"王子之歌

我却掉头而去，
"到南方！"

5　虔诚的碧芭

当美在我脸上，让人十分忧虑，
上帝喜爱少女，
尤其是美丽的姑娘。
若远处不幸的苦行者，
乐于与我一同生活，
就像许多其他的苦行者一样，
上帝必会宽宥。

并无年老阴沉如僧侣般的魔鬼，
而是年轻，双颊赤红，
即使病中，
也叫人嫉羡与倍受叱责。
对白发老者而言，我是个陌生人，
而他也憎恨老朽；
智者在静观世界的安排者，
静观上帝。

教堂有生存的范围，
并以心和脸来考验。
她慈悲为怀，
谁不对我恩宠有加？

快乐的知识

我弯腰行礼,嗫嚅地说:"早安。"
借着蓬勃生气,
我将老朽扫除。

赞美是神的奖赏,
他喜爱所有贞洁的少女,
良心能宽恕他所种下的罪。
只因美在我脸上,
我会虔敬地挺立;
而当风华不再,
便让撒旦携我而去,

6　神秘之舟

昨夜,当大地进入梦乡,
路上没有丝毫微风。
我,一个不眠的守夜者,
不为枕衾与兴奋剂所动,
始终保持心灵的清醒与纯洁。

我决定不再休息,
就起身沿岸而行。
在温馨的月色中,
看到沙滩上的人和船,
两者都昏昏欲睡,
船,懒洋洋地被推入海中。

附录:"自由之鸟"王子之歌

不知过了一小时,还是一年,
所有的知觉和思想,
均消失在一片冷漠的迷离幻境之中,
打开深不可测的恐怖深渊,
虚幻全部流散。

当早晨来临,
船因风平浪静而停泊在深红色的潮水中。
"发生了何事?"大家惊叫地问,"那是血吗?"
虚无已然产生!
在风起帆满的时候,
我们曾有过一个十分甜美的睡梦。

7 爱的表白
噢,真是不可思议!
他以一双坚强的翅膀在云间翱翔!
究竟是什么力量让他一飞冲天?
是什么束缚抑制了他?
何处是他的归程?

犹如凝固于永恒的星辰与时间,
如今他住在远离世俗的高山之巅。
嫉羡自身,并未拒斥!
即使高飞远扬!

噢，信天翁，伟大的鸟，
使我扶摇直上云霄！
一旦思念她，就泪流不止，
是的，我着实爱她！

8　没有决心的人

没有决心的人，
激起我烈焰般的怒火！
他们的荣耀徒然令人心痛，
他们的美誉徒然羞辱了自己！

我阻挠他们前进，
又不紧抓他们的傀儡线。
他们就以略带甜苦的冷眼和绝望的嫉妒之刺，
强迫我畏缩。

让他们沉浸在受到诅咒的惊吓中，
嘴唇永远歪曲。
当他们的眼神露出步入歧途的绝望，
就会来寻找我。

9　愚者的困境

噢，我以愚昧的心，
潦草地写在黑板与墙上的一切，

附录："自由之鸟"王子之歌

用意不过是作为它们的装饰！
你说，"这真是愚人可憎的行为！
黑板和墙壁同样需要净化，
切勿露出惊惶的神色！"

好，我将尽可能地帮助你，
海绵和扫帚都是我的才能，
如同评论家和船夫。

然而，当我仔细检查完成的工作，
却很高兴地看到每个博学若智的愚人，
都有未曾被染污的"智慧"黑板与墙壁。

10　牧羊人之歌

我躺着，饥肠辘辘，
一群臭虫却提前带来远处的灯火和喧扰。
那是什么声音？
它们在翩翩起舞！
此刻她唠叨不休，
很快，她就会来找我，
有如一只我期待的忠狗，
却没有向我招呼致意，
她也曾应允在胸前划个十字，
难道她的盟誓已成空言？
或者她也紧随所有追逐者之后而去，

快乐的知识

犹如我跟从的山羊?

你的丝袍来自何处,女孩?
噢,你喜欢桀骜不驯,
恐怕人们早已知道,
你是个淫乱的女人!

由于等待过久,
失恋的人十分暴躁乖戾。
在这湿热的夜晚,
精力也滋生毒菌。
以魔鬼般的心情
拧捏易痛之处,
爱令我的屁股遭殃。
我实在吃不下东西,
再见了,洋葱大餐!

月亮已沉到海的那一端,
星光摇曳不明。
黎明将临,眼前一片阴郁、灰白,
让死亡来吧,我不在乎!

11 拙劣诗人的疗方
噢,时间,你这个女巫,
以湿润的朱唇向我献媚。

附录:"自由之鸟"王子之歌

分分秒秒,缓慢地落泪,
无奈,我激切地哭嚎,
"诅咒那裂开的陷阱,
诅咒永恒!"
没有感情的世界,
愤怒的阉牛不理哭号之声;
痛苦的锋刃刺穿我的甲胄,
切在我的骨头上,
"这个世界真是没心没肺,
为何要用愤怒的锁链打她?"

现在,向我的脑子倾注罂粟毒液!
你对我的手与额头估测得太久。
是什么向你请求?
"该付给什么样的报酬?"
淫乱的女人,你的轻蔑应该遭到诅咒。

不,我取消前言,
微有寒意,我听到烦扰的雨点;
我把病热退掉,露出我的机警,
这里有一块金币,看它在闪闪发光,
要我在你的微笑中祝你好运吗?
门开得很大,
雨点溅得我的床上到处都是,
灯熄了,更加令人烦恼!

快乐的知识

他并没有百首诗歌,

我敢打赌,在这悲伤的时刻,

我们将目睹他的破灭!

12　我的喜悦

圣马克,我又见到你的鸽子,

广场依旧安然躺卧,似晨睡未醒,

我将柔和微凉的空气

引进这沉闷的地方,

他们有如鸽子,向上高飞。

唤回我的仆从,

将清新的诗句缚在它们自由的双翼上。

我的喜悦!我的喜悦!

静谧庄严的蓝色屋顶,

在朦胧的霭雾中护卫着神圣之屋,

噢,神圣之屋,

我承认我爱、我惧、我妒,

很高兴攫取你的魂灵!

"我是否该将战利品送还?"

不要为人类的双眼祈求广大的草原!

我的喜悦!我的喜悦!

冷肃的钟楼耸立,有如跃跃欲试的狮子,

避开轻而易举的胜利之路,

附录："自由之鸟"王子之歌

悠扬嘹亮的钟声传遍整个广场;
你是否用法语发出广场的"尖锐腔调",
仿佛我也像你,
在这世上经历了无数岁月,
我知道丝织成了网,
我的喜悦！我的喜悦！

来个音乐！
先让渐暗的阴影临近,
然后没入褐色的芳醇之夜！
在这高楼之前,你响得太早,
闪耀在幸福的荣光与金色的装饰中。
此刻仍是白日,
尚有余暇,
漫步游目、独自低语、思索诗句。
我的喜悦！我的喜悦！

13　西尔斯·马莉亚[2]

我坐在这里等待,
却一无所盼！
用精致的灯火,
超越一切善恶。
在黑暗的阴影下,
一切都那么安逸,
将欢乐散布整个湖上、整个白日,

以及无始无终的时间。
亲爱的朋友，
一个很快就变成两个，
查拉图斯特拉离弃了我思想丰富的脑子……

14　给西北风的一支舞曲
风疾云卷，
净洗苍穹千里。
西北风啊，你是我的朋友，
我们孕育于同一个子宫，
同一个命运使我们深深相连，
我们是追求同一理想的伙伴。

从峻峭峥嵘的悬崖上，我欢呼，
向你疾步而去，
你引吭高歌，我随之起舞，
你如何能飞越大洋，自在无阻地迅速展翅乘船！
仿佛在梦中听到你的嘹亮笛音，
我沿石阶跃下，
在金色的堤岸上，
你像一条浩荡长河，
来势汹汹，
在急湍中辗转翻滚。

看到你乘着万马奔腾疾驰掠过天际！

附录:"自由之鸟"王子之歌

也看到你驾驭的战车、飞舞的鞭子,
当你以颤抖的手指挥战马前进。

从振荡的战车中见到你,
急速驰骋,
像一支直入无底深渊的箭;
犹如阳光迸射照耀,
清晨绽放的玫瑰。

起舞,噢!舞向一切的边缘,
在高潮浪尖、断崖绝顶的边缘,
随时可以发现新舞!
让知识成为我们的欢乐,艺术成为狂热,
一切喜悦皆真实不虚!

经过树荫处,
我们摘取最美的花朵,
编成一顶花冠,
像快乐歌舞的吟唱诗人、昂首阔步的圣徒,
我们四处游走。

来者必迅速如风,
没有跛足的旅伴。
在蔚蓝的天空下,
祛除伪善者、传道者、芸芸众生与无趣的学究,

快乐的知识

祛除一切悲伤,
往阴郁森冷的面容上抛掷尘土。
从我们的快活处捕捉它们,
紧密的风,
为有胆量的人吹袭,
不为文弱的书生。

摆脱大地欢乐的破坏者,
吹散所有愁云,
天清气朗。
让我紧握你的双手,好友,
直到我的欢乐有如狂风暴作,
让你大大解脱!

当你离去,
请取一份唤醒欢乐的纪念品,
将我们的花冠远抛,
在你面前把它不断转动,
直到它触及最远的星辰。

注释

1 这首诙谐的讽刺诗是模仿歌德的巨著《浮士德》第二部结尾里的"神秘主义者合唱曲"而构成的。
2 西尔斯·马莉亚,瑞士境内的一个小镇,尼采曾在该处逗留寻思。

尼采年谱

快乐的知识

1844年

10月15日 生于普鲁士萨克森州的洛肯镇。

几代先祖及父亲皆为路德教派的牧师。外祖父也是牧师。

1846年

2岁 妹妹伊丽莎白出生。

1848年

4岁 2月,弟弟约瑟夫出生。

1849年

5岁 7月30日,父亲因脑软化症去世。

1850年

6岁 1月,弟弟约瑟夫夭折。4月,举家迁往塞尔河畔的瑙姆堡。入小学读书。

1854年

10岁 初试作曲。

1856年

12岁 初次出现头痛与眼疾的征候。

1858年

14岁 10月,进入瑙姆堡近郊普福塔高等学校读书。开始与研究印度哲学的保尔·德伊森交朋友。

1860年

16岁 在瑙姆堡为文学与音乐的小团体"日耳曼尼亚"开始写作

各种研究性质的作品。这一年,叔本华逝世。

1861年

17岁 初次接触瓦格纳的音乐。爱读莎士比亚、荷尔德林、席勒等人的作品。

1862年

18岁 常为头痛所苦,怀疑是父亲的遗传所致。在"日耳曼尼亚"的集会上发表论文《命运与历史》。创作了《意志的自由与命运》一文。

1863年

19岁 读爱默生的作品。

1864年

20岁 9月,从普福塔高等学校毕业。毕业论文是《关于梅卡拉的特欧古尼斯》。写作诗歌《给不知的神》。10月,进波恩大学,专攻神学与古典语文学。古典语文学是向里敕尔教授学习的。

1865年

21岁 10月,追随里敕尔教授转学到莱比锡大学。初次读到叔本华的著作《作为意志和表象的世界》,颇受感动。12月,听里敕尔的建议成立古典语文学会。

1866年

22岁 1月,在《古典语文学》上发表《关于特欧古尼斯的最后版》,受到里敕尔的赞赏,决心要成为语文学家。开始与同为里敕尔门下弟子的厄尔温·罗德交往。普奥战争爆发,虽接到两次召集令,但因深度近视延期入伍。

1867年

23岁 10月,应召参加瑙姆堡炮兵部队。《关于狄俄尼索斯的典据》获得大学征文奖，开始写作《论叔本华》一书。

1868年

24岁 3月，执勤中从马上摔下。10月，退伍。在莱比锡大学复学。11月，经里敕尔夫人的介绍结识瓦格纳。

1869年

25岁 2月，经里敕尔教授的推荐，受聘为巴塞尔大学的古典语文学助教。3月，未经考试获得莱比锡大学颁授的学位。4月，依据大学任职规定，脱离普鲁士国籍成为瑞士人。5月27日，初访琉森近郊托里普森的瓦格纳家。5月28日，在巴塞尔大学发表就职讲演，题目为"荷马与古典语文学"。与布克哈特缔交。

1870年

26岁 以《希腊之音乐剧》为题，举行公开讲演。3月升为正教授。7月，普法战争爆发，志愿从军担任医护兵，写《狄俄尼索斯的世界观》。不久，因患赤痢及白喉退伍，10月回巴塞尔。与神学家奥瓦贝克开始交往。

1871年

27岁 2月因病请假，和妹妹一起住在鲁卡诺六周，此时开始创作《悲剧的诞生》。

1872年

28岁 1月，出版《悲剧的诞生》。以《德国教育设施的前瞻》为题，连续举行五次讲演。4月，在托里普森最后一次（第23次）访问瓦格纳。5月，参加拜罗伊特祝祭剧场的开工典礼。此时与迈森布克相识。

1873年

29岁 从这一年开始，有严重的头痛。自前一年秋天开始写作

《希腊悲剧时代的哲学》。出版《不合时宜的思想》第一部《信徒及作家的大卫·施特劳斯》。

1874年

30岁 出版《不合时宜的思想》第二部《历史对生命的利弊》，第三部《教育家叔本华》。初读法国作家司汤达的小说《红与黑》，颇受震动。

1875年

31岁 患眼疾与胃病。初识音乐家彼得·加斯特。写《科学与莫知的斗争》。

1876年

32岁 健康恶化，2月中旬停止授课。4月，在日内瓦向荷兰女音乐家玛蒂尔德·特兰贝达求婚遭拒。读迈森布克的《某理想主义者的回忆》而感动。7月，出版《不合时宜的思想》第四部《在拜罗伊特的瓦格纳》。赴拜罗伊特参加拜罗伊特剧场第一次演出。9月与心理学家保罗·李缔交。病况继续恶化，辞去大学的一切职务。与保罗·李等人一起留居意大利。与瓦格纳进行最后的交往。撰写《人性的，太人性的》备忘录。

1877年

33岁 1月，瓦格纳题献尼采一部歌剧《帕西法尔》。5月，出版《人性的，太人性的》。尼采送瓦格纳《人性的，太人性的》，与瓦格纳的友谊终结。9月回巴塞尔，在大学恢复上课。瓦格纳在杂志上发表攻击尼采的文章，尼采感到很受伤。

1879年

35岁 出版《人性的，太人性的》第二部上卷《各种意见与箴言》。因病重辞去巴塞尔大学教席。读俄国作家果戈理、诗人莱蒙托夫、美国作家爱伦·坡、马克·吐温等的著作。当年病痛达118天，自称是"我一生中最黯淡的冬天"。

1880年

36岁 出版《人性的，太人性的》第二部下卷《漂泊者及其影子》。常梦到瓦格纳。在日内瓦过冬。

1881年

37岁 1月完成《曙光》，6月出版。7月到9月，住在瑞士。8月，构思"永恒轮回"学说的主要观点。11月27日，在日内瓦初次欣赏法国作曲家比才的歌剧《卡门》。

1882年

38岁 4月，受迈森布克的邀请去罗马，认识罗·莎乐美。5月，向莎乐美求婚遭到拒绝。8月，完成《快乐的知识》并出版。为莎乐美与母亲及妹妹的不和而伤透脑筋。为莎乐美作诗《寄放生》，后改名为《生的赞歌》出版。《查拉图斯特拉如是说》第一部的构想成熟。从这一年到1888年写了很多以"权力的意志"为题的《八十年代遗稿》。

1883年

39岁 自2月3日到13日，用十天的时间完成《查拉图斯特拉如是说》第一部，完成之日，瓦格纳去世，6月出版这部书的第一部。7月完成《查拉图斯特拉如是说》第二部。在尼斯过冬。

1884年

40岁 1月，完成《查拉图斯特拉如是说》第三部，4月同时出版第2、3两部。8月施坦因拜访尼采。尼采此时读到陀思妥耶夫斯基的小说《罪与罚》，深受感动。

1885年

41岁 2月，在尼斯完成《查拉图斯特拉如是说》第四部。执笔写作《善恶的彼岸》。

1886年

42岁 5～6月，在莱比锡与厄尔温·罗德作最后一次的晤面。8月自费出版《善恶的彼岸：未来哲学序曲》。秋天完成《快乐的知识》第五卷《我们是不知恐惧的人》。将《悲剧的诞生》的副标题改为《希腊精神与厌世主义》出新版。

1887年

43岁 《曙光》与《快乐的知识》出新版。7月，完成《道德的世系》。出版《生的赞歌》。

1888年

44岁 1月，经布兰德斯的介绍，才知道有克尔恺郭尔其人。4月，布兰德斯在哥本哈根大学开德国哲学家弗里德里希·尼采讲座。7月，完成《瓦格纳事件》，9月出版。《狄俄尼索斯颂歌》脱稿。8月，完成《偶像的黄昏》。9月完成《反基督》。在10月15日生日那一天开始写《瞧！这个人》，11月4日完成（死后的1908年出版）。12月完成《尼采反对瓦格纳》。完成诗作《狄俄尼索斯醉歌》。12月末，在给朋友们的信中，已看出有精神错乱的症状。

1889年

45岁 1月上旬，在托里诺昏倒，患严重中风，出现精神分裂现象，被送进耶拿大学医学院精神科，母亲赶来照顾。1月末出版《偶像的黄昏》，私人出版《尼采反对瓦格纳》。

1890年

46岁 5月13日，由母亲带回瑙姆堡。妹夫自杀，妹妹由巴拉圭回国。

1891年

47岁 妹妹开始干涉尼采作品的出版，尤其企图阻止《查拉图斯特拉如是说》出版（据说，她是担心《驴祭》一章）。

1894年

50岁 尼采的病情持续恶化，不能在户外散步。年初，妹妹阻止卡斯特出版《尼采全集》，2月在母亲家编纂《尼采文库》并自己编撰哥哥的全集。

1897年

53岁 母亲去世，与妹妹移居魏玛。

1899年

55岁 经妹妹的手出版第三版的十九卷全集。妹妹的友人汉斯·奥尔德为《尼采文库》创作尼采望日落的肖像画。

1900年

56岁 8月25日中午，在魏玛去世。8月28日，葬于故乡洛肯镇的父母坟墓旁。逝世后与柏拉图、亚里士多德、斯宾诺莎、康德、叔本华、黑格尔并列为世界哲学史上不朽的思想家。